给你的钱找一份工作

〔美〕罗伯特·清崎 著 黄延峰 译

四川人民出版社

readers-club

北京读书人文化艺术有限公司
www.readers.com.cn
出　品

致中国读者的一封信

亲爱的中国读者：

你们好！

今年是《富爸爸穷爸爸》在美国出版20周年，其在中国上市也已经整整17年了。我非常高兴地从我的中国伙伴——北京读书人文化艺术有限公司（他们在这些年里收到了很多读者来信）那里了解到，你们中的很多人因为读了这本书而认识到财商的重要性，从而努力提高自己的财商，最终同我一样获得了财务自由。

我很骄傲我的书能够让你们获益。20年后的今天，世界又处在变革的十字路口。全球经济形势日益复杂，不断涌现的"黑天鹅事件"加剧了世界发展的不确定性，人们对未来充满迷茫，悲观主义情绪正在蔓延。

而对于你们，富爸爸广大的中国读者来说，除了受世界经济的影响，还要面对国内经济转型的阵痛，这个过程艰苦而漫长。当然，为了成就这种时代的美好，你必须坚持正确的选择，拥有前进的智慧和勇气。这就需要你努力学习。此次修订除了对原来内容的更新，还增加了许多全新的小版块。这些小版块贯穿全书，可以看作是穿越时光的透视镜，它们从今天回望

1997年这本书诞生的时候，用今天的形势来印证富爸爸当初的理念。

最后，我还是要说，任何人都能成功，只要你选择这么做！

罗伯特·清崎
2017年6月

出版人的话

转眼间,"富爸爸"问世已20年,与中国读者相伴也已17余年。在中国经济和社会蓬勃发展的17余年间,"富爸爸"系列丛书的出版影响了千千万万的中国读者,有超过1000万的读者认识了富爸爸、了解了财商。在"富爸爸"的忠实读者中,既有在餐厅打工的服务员,也有执教讲堂的大学教授;既有满怀创业梦想的年轻人,也有安享晚年的退休人士。"富爸爸"的读者群体之广、之大,是我们不曾预料到的。

作为一套在中国风靡大江南北、引领国人创业创富的财商智慧丛书,"富爸爸"系列伴随和见证了千万读者的创富经历和成长历程,他们通过学习财商,已然成为中国的"富爸爸",这也是我们修订此书的动力。十几年来,"富爸爸"系列也在不断地增加新的"家族成员",新书的内容也越来越贴合当下经济的快速发展以及国内风起云涌的经济大潮,我们也在十几年的财商教育过程中摸索出了一套适合国内大众群体的"MBW"财商理论体系,即从创富动机、创富行为习惯、创富路径三方面培养学员的财商,增强大家和财富打交道的积极意识,提高抗风险的能力。

曾有一位来自深圳的学员告诉我,他当年就是因为读了《富爸爸穷爸爸》一书,并通过系统的财商训练,才在事业上取得了巨大的成功。难能可贵的是,成功后的他并没有独享财富,而是将自己致富的秘诀——"富爸爸"财商理念分享给了更多想要创业、想要致富、想要成功的人。

在"富爸爸"的忠实读者群中,类似的成功故事还有很多很多。在"富爸爸"的影响下,每一位创富的读者都非常乐意向更多的朋友传授自己从财商训练中获得的成功经验。

值此"富爸爸"20周年之际,作者的最新修订版再次契合了时代的发展、读者的需要。在经济金融全球化的发展与危机中,作者总结过去、现在和未来财富的变化与趋势,并重温了富爸爸那些简洁有力的财商智慧,在中华民族伟大复兴的新时代,"富爸爸"系列丛书将结合财商教育培训,为读者带来提高财商的具体办法,以及在中国具体环境下的MBW创富实践理论。丛书的出版公司北京读书人文化艺术有限公司将和相关的财商教育培训机构一起,从图书、财商游戏、财商培训、财商俱乐部等多角度多方面,打造出一个立体的"富爸爸",不仅要从财商理念上引导中国读者,更要在实践中帮助中国读者真正实现财务自由。读者和创业者可以通过登录官方网站:www.readers.com.cn及www.fubaba.com,或关注读书人俱乐部微信,来了解更多有关"富爸爸"系列丛书和财商培训的信息。

正如富爸爸在书中所说,世界变了,金钱游戏的规则也变了。对于读者和创富者来说,也要应时而变,理解金钱的语言、学会金钱的游戏。只有这样,你才能玩转金钱游戏,实现财务自由。

汤小明
2017年4月

读书人俱乐部

作者按语

有人想对他们的钱施加更多的控制，有人想获得比普通投资者的平均收益还要高的回报，本书就是为这样的人写的。在这本书中，我不会告诉你具体要做什么投资，因为致富途径的选择以及结果的实现取决于你自己。不过，本书依然会对你有所帮助，因为它会引导你理解为什么有些投资者会在较短的时间里以较少的投资、较低的风险最终获得比普通投资者的收益高出很多的回报。

投资者中有90%是普通投资者，他们应当继续储蓄，并且在其退休金方面做投资。本书所提供的知识是给另外10%的投资者看的，这些人想通过自学而成为职业投资者，以此来增加他们的投资收益，并加速他们的投资组合收益的增长。

谢谢！

罗伯特·清崎

目录

引 言
10 年之内你如何将 1 万美元变成 1000 万美元　1

第一部分　我应该做什么投资

第一章　询问销售人员　18

第二章　询问牛场主，然后询问奶农　44

第三章　询问你的信贷员　65

第四章　询问你的保险经纪人　85

第五章　询问税务员　98

第六章　询问记者　109

第七章　询问赌钱人　136

第八章　询问牛顿　152

第九章　询问时光老人　169

第二部分 询问投资者的意见

第十章 有些人不能成为强势投资者的4个理由 201

第十一章 强势投资的威力 213

第十二章 这是在赌钱,而不是在投资 233

第十三章 如何发现极好的投资机会 244

第十四章 如何成为一个杰出的投资者 267

第十五章 做赚钱的人,还是做赔钱的人 278

引 言

10年之内你如何将1万美元变成1000万美元

"美国人最大的恐惧是退休后花光了所有的钱。"

——《今日美国》的调查

"人们生活拮据的首要原因是由于他们听从穷人或销售人员的理财建议。"

——富爸爸

美国亚利桑那州凤凰城的一家当地报纸刊登了一篇文章,它是特地为我的书《富爸爸财富大趋势》(Rich Dad's Prophecy)撰写的。虽然这篇文章保持着公正和不偏不倚,但记者在文章结尾时顺口说出的一句话让我感到心烦意乱。他针对我最近投资获得的39%收益率而大放厥词。我感到他的评语暗带讽刺:如果我不是在撒谎,就是夸大了自己的投资回报。

现今社会,我们大多数人讨厌自吹自擂或者夸大其词的人。我知道我不会把这种人放在心上。因为我没有吹牛或者言过其实,所以,他的评语让我感到难受。事实上,我做的恰好相反。我讲出来的回报率实际上是打了折扣的。换言之,我的投资回报并不只是纸面上的收益。我的"钱生钱的现金回报率"是以我口袋中真实的货币计算的,并且这一投资回报率要远远高于39%。

他的评论让我烦闷了好几天。最后,我打电话,并且要求跟他预约见面的时间,以便我可以纠正他的误解。我告诉他我不希望他再写更多关于我的文章,或者发表一份撤销这篇文章的声明。我只要求和我的会计一起去他的办公室,向他展示我的证据,并解释这个39%是如何获得的。他诚恳地接受了预约,并约好了见面时间。

在我和我的会计向他解释39%的回报率是如何获得的,并且它确实被低估了之后,他只是评论道:"好吧,普通投资者可做不到你这样。"

对于他的评论,我的回答是:"我从来没说过他们能够做到。"

然后他说:"你这样做风险很大。"

我对他这一说法答复道:"在最近几年里,几百万投资者已经赔了几十亿美元,很多的损失来自于投资股票或者共同基金,这是你评论的。许多长期投资于共同基金而赔了钱的人将永远不可能退休。这难道不是风险吗?"

"嗯,那是因为企业舞弊行为太多了。"他回答道,仍然在为自己辩解。

"不完全对。但是,有多少赔钱的人是因为听了理财规划师、股票经纪人和财经记者的坏建议呢?如果长期投资于共同基金是一个很棒的主意,为什么还会有那么多的人赔了那么多的钱呢?"

"我坚持我的建议,"那位记者如此回答,"我还是会说,对普通投资者来说,最好的投资方案依然是长期投资于一个共同基金的资产组合同时保持投资多样化。"

"我同意，"我回答说，"你的建议对普通投资者来说是最好的建议，但对我不是。"

这时我的会计插话进来说："将关注点和不同资产的使用情况略做调整，普通的投资者就能在风险较小的情况下取得更高的回报。投资者与其坐着观望市场涨跌，听财经专家想方设法预测下一个热门股票花落谁家，还不如用用罗伯特富爸爸的方法。每次市场下跌时，投资者不必恐慌，也不用担心接下来哪个板块会上涨。投资者不但以较少的投资、较低的风险获得更大的回报，而且钱会自动跑过来，就像变魔术一样。实际上，我常常把这一投资战略叫作'魔钱'。"

因为和这个记者会面的时间太短，39%的回报率以及刚才说到的"魔钱"这种理念一时半会儿也跟他说不清。谈到"魔钱"时，会面也就结束了。

正如我所说的那样，这位记者诚恳而且虚心。几周之后，虽然我并没有要求他写，他还是撰写了另外一篇关于我的文章。尽管文章是准确的，但他没有提及我如何获得高额回报，或者关于"魔钱"的任何内容。

最重要的是，我要感激他让我产生了撰写本书的想法，但这本书可不是写给普通投资者看的。

经常被问到的问题

在与那位记者会面之后，我决定把富爸爸如何将一个小投资转化成一个超额回报的方法向人们解释解释，做这件事的时机已经到了。这本书也给我提供了一个回答一些常见问题的机会，这些问题是我经常避而不答的。比如：

- "我有1万美元。我该投资什么？"
- "你建议做什么类型的投资？"
- "我该怎么开始？"

我不愿意回答此类问题的主要原因在于这些问题的真实答案是"它取决于你，而我要做的常常与你应该做的不一样"。

我不愿意回答此类问题的另外一个原因是，当我回答此类问题，并且向人们真切地解释我做了什么，以及我如何在利用较少的钱和承担较小风险的情况下获得了高额回报时，他们的反应常常是：

- "在这里你可没法这样做。"
- "我可负担不起。"
- "有没有更容易的方法？"

为什么有这么多人会赔钱

在我看来，数百万人损失几十亿美元的原因之一是由于他们正在寻找将他们的钱投向何处时，许多人已经准备好了为他们提供答案，比如：

- "把钱存起来。"

- "做长期和多样化的投资。"
- "把你的信用卡剪掉,别负债。"

本书不是为那些想要简单答案的人写的。如果你喜欢多数人乐意接受的过于简单的理财答案,那么,本书很可能不适合你。我的答案对多数人来说可能难以接受或难以理解。

本书是为那些想更好地控制他们的金钱,并且想用他们手中的钱挣更多钱的人写的。如果这让你感兴趣的话,那么请继续往下读。

最差的致富之路

那位记者说得没错,他的建议对普通投资者来说是很棒的,但事实是他的建议是发财致富最难走的路径之一。正在工作着的人会把钱投入退休计划中,比如包含了大量共同基金的401(k)计划。而这些人终其一生都在乘坐401(k)计划这一"缓慢的公共汽车",即使它的引擎已经磨损,跑不快,也从来爬不上投资回报的顶峰,并且刹车还不灵,在走下坡路时会让人心惊胆战。

对普通投资者而言,将钱放进退休计划长期持有可能是一个好主意;但对我来说,这是一条缓慢、冒险、低效和税负较高的投资之路。

有更好的投资

可投资的资产分为4种:企业、房地产、纸资产和商品期货。简单的投资就是将钱投入标准普尔500指数基金。对于多数共同基金经理来说，标准普尔500是他们要超越的基准。很不幸，几乎没有人能够打败它。

常常会有人提出这样的问题："既然没有几个人能够超越标准普尔指数，为什么你还需要一位基金经理呢？为什么不自己将钱投到标准普尔指数中去呢？"

而我的回应是："我也会问同样的问题。"我会继续说，"如果你在房地产上只投资了1万美元，并通过向银行借贷9万元，以此让自己的资产负债比高达90%，10年后，你投在标准普尔500指数基金中的1万美元大约会增长到1.8万美元；你投在房地产上的1万美元，随同你的银行贷款大约会增长到15.8万美元。"

人们不禁会问："那为什么没有更多的人投资房地产呢？"

我的回答是："因为如果投资房地产，你必须是一个合格的投资者。想要在房地产投资上获得成功，这要求投资者具备更多的理财技巧。因为房地产投资是一种资本密集型的投资，它需要更多精心的管理。购买共同基金这样的纸资产较为容易，不太贵，也不需要过多的打理，这就是许多人会做此类投资的原因所在。"

最有力的资产

标准普尔500是一个国际性市场，而房地产是一个地方性市场。这意味着什么呢？如果你是一个精明的房地产投资者，你就能经常在房地产上获得更高的回报。你投在标准普尔500上的1万美元只能获得与其他所有人一样的收益，而你把1万美元投到房地产，所获收益会远远高于15.8万美元，或者远远低于这个数。如果你是一个蹩脚的房地产投资者和资产管理者，你可能会把自己投入的1万美元全部赔进去，甚至赔得更多；如果你不擅长房地产的收购和管理，你投资标准普尔500可能会更好些。能否在房地产投资方面取得成功取决于作为投资者的你，而能否在标准普尔500取得成功则取决于标准普尔那500家指数公司。

如果有人问"能否用1万美元获得比15.8万美元还多的收益呢？"那答案就是："可以，但要获得这样的回报，投资者常常要利用企业的力量。"在4种资产分类中，企业是最具力量的资产，但它的创立、培育和管理所要求的技术性又最强。如果有人既擅长创建企业，又擅长投资房地产，对于他来说，获得超额回报是可能的。

如何获取超额回报

因为本书的某些内容在其他富爸爸系列的书中已经论及，所以，本书要有所拓展，我将为大家进一步探讨如何获取超额回报这一财富加速器，这是我的富爸爸教给我的。

阅读本书，你将找到为什么多样化投资和长期投资常常不是最好的投资建议，以及为什么很多人听从这个建议之后会在市场上赔钱的答案。

在所有投资者的众多成功秘诀中，其中一个就是投资不搞多样化，而是整合。他们不会把全部资本只投资于一种资产，而是整合到两到三类资产中，利用财务杠杆使其加速运转，并始终调整好不同资产间的现金流动。例如，通过整合企业和纸资产的力量，比尔·盖茨成为世界富豪。他实现了许多创业家的梦想，即建立一家公司，并通过股票市场将它上市。换句话说，他将企业的一部分资产变成了纸,也就是人们通常所说的"股票"。如果比尔·盖茨没有将他的公司上市,他仍然是一个富人,但可能不会在如此年轻时便成为世界首富。简而言之,正是这两类资产的整合让他快速致富。而不是像一名微软公司的员工那样领取工资,再将薪水分散投入到共同基金中去。

通过拥有一家投资房地产的企业,唐纳德·特朗普(Donald Trump)获得了更大的回报。而通过拥有一家投资其他企业的企业,世界上最伟大的投资者沃伦·巴菲特(Warren Buffett)获得了极高的回报。

大公司还是小公司

这并不是说你的企业必须是大公司,或者是一家房地产公司。核心问题在于,投资者即使拥有一家小公司也可以投资房地产。这就好比是拥有两个职业,一个职业针对人,而另一个职业则针对钱。比如,我最为人所知的身份是一个作家,可以说这就是我的职业,而我挣钱的职业是房地产。再重申一下,要点在于整合两到三类资产,而不是只在一类资产上搞多样化。即使你是一个小老板,你照样能够利用与大公司一样的资金优势。就像大公司和股票市场让比尔·盖茨成为亿万富翁一样,小公司、房地产和纸资产能够让你在10年之内变身千万富翁。问题是,你能够熟练掌握在至少两种资产上投资的技巧吗?如果你能掌握,财务魔法就会发生。

协同还是分散

在本书中，你将学到富爸爸获得超额回报的法则。富爸爸教他的儿子和我要聘用能力强的顾问，然后整合这些财力，并促进它们发挥作用。

这些财力包括：

- 企业
- 房地产
- 纸资产
- 银行贷款
- 税法
- 公司法

整合的意思是"组合起来共同经营"。分散化的意思是"拆开后分别经营"。

如果有人能够整合并促进上述全部6种力量，他就能够获得超额的回报，而开始时只需投入很少的钱就可以。如果有人将这6种力量出色地整合在一起，那么"魔钱"就会出现，或者说财务协同效应就会发生。

什么是协同

人们将协同常常定义为"整体大于各部分之和"。用简单的术语表达的话，它就是1+1=4。在本例中的"和"为4，它大于各个部分的加总，即大于1+1。

还有另外一个协同的案例。假设你得到了一粒南瓜籽和一堆土。即使你在种子上面覆盖了越来越多的土，但只有土种子也无法生长。如果你把阳光和水的适当组合施加到土堆上面，你就会发现突然之间种子开始生长。正是土壤、阳光和水之间的协同作用导致种子发生了神奇的变化。

同样的事情也会发生在金钱身上。如果给予正确的组合，你的金钱就能神奇地增长。如果你的金钱只埋在一堆多样化的土壤之中，它可能会变成蘑菇，而不会变成"魔钱"。

协同的力量

本书讲述的是你如何才能利用不同的财力，驾驭你的金钱，并且制造出财务协同效应，即产生"魔钱"。

很明显，本书不是写给普通投资者看的。在此，把我解释如何获得39%的回报时那位记者说的一句话重说一次："好吧，普通投资者可做不到你这样。"

同样，我也把对那个评论的答复重说一遍："我从来没说过他们能够做到。"

这本书是为那些想更好地控制自己的金钱，并且超越普通投资者的平均回报率的人写的。本书不会告诉你具体要做什么投资，这是因为你做什么可以致富和你如何做真的应该由你自己决定。然而，有些投资者获得了比普通投资者高得多的投资回报，但时间更短，风险更小，而且所需资金较少。

本书给你提供的帮助就是指导你理解其中的来龙去脉。

你能在股市投资1万美元而赚到1000万美元吗

在读完本书之后，这是不是意味着你用1万美元也能得到相似的结果？我的回答仍然是"这取决于你自己"。

这里还有一个更重要的问题，"你认为，只投资股市，能否在10年之内将1万美元变成1000万美元？"也可以把同样的问题问一问只投资房地产的某个人。大多数情况下，答案是"不能"。单单从一种资产身上获得超额回报非常困难，但这却是多数人试图要做的事情。如果他们投资于不同种类的资产，并且整合不同资产加速器的力量，他们就会创造出投资协同效应，就有可能获得超额回报。

让美国人最担心的事

在一次交谈中，一位年轻人举手问道："为什么超额回报如此重要？慢慢致富就不对吗？是什么让金钱变得如此重要呢？难道快乐不重要吗？"

每当我谈论金钱和致富时，听众中总有一些人抱着"金钱并不重要"的态度，我称之为愤世嫉俗。由于事先有准备，这一次我笑着拿出了《今日美国》（*USA Today*）中的一篇文章。报纸曾经做过调查，发现美国人最担心的事是钱花光了。他们最怕的不是癌症、犯罪或核战争，而是"人老了，钱没了"。寿命很长却没有钱花，这就是当下美国人最大的恐惧。多数人已经意识到：等他们上了年纪之后，社会保障和老年医保可能对他们没有太大的帮助。

在让一位年轻女士给听众朗读那篇文章时,我在挂纸白板上写下了"赚钱比赛"这一标题及以下内容:

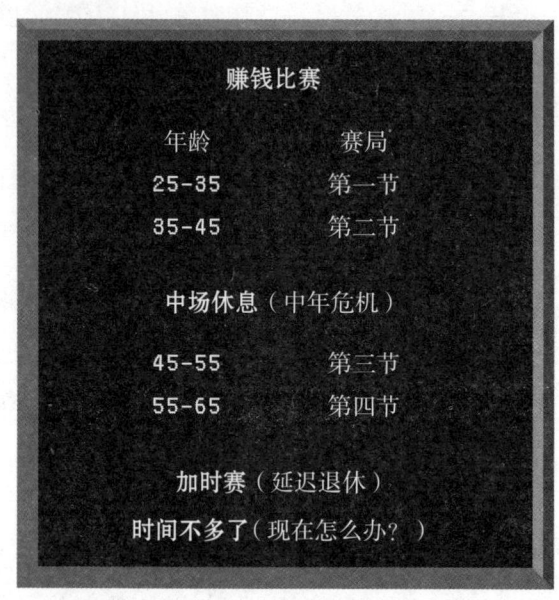

在那位年轻女士读完文章之后,我说:"你知道吗,截止到2010年,美国已有7 800万年龄在65岁或者更大的人仍然在工作,其中有1/3的人不打算退休。"

"我听说有这档子事,"她答道,"但你为什么说它是一场比赛呢?"

我做了一次呼吸,指着挂纸白板上的年龄说:"比赛常常会分节。比如,职业橄榄球比赛每15分钟为一节。对于大多数人来说,我们大约在25岁毕业离开学校,并且计划在65岁时退休。这表明我们有40年的时间可以进行赚钱比赛,这意味着每节比赛的时间为10年。在这40年里，我们希望赚到足够的钱，并且储存起来，以备养老之需。在第二节结束时，也就是在我47岁后不久，我得以从这场比赛中脱身。我的妻子金则在她37岁时赢得了她第一节的比赛。你明白我说的'比赛'的意思了吗？"

那位年轻女士点点头，手里还抓着那篇《今日美国》的文章。"那如果他们没有挣足钱，还要在65岁以后继续工作，这就是你所说的'加时赛'？"

"没错。那可能会真的有好处，因为工作大概会让他们更加健康。差别就在于一个是'不得不工作'，一个是'想工作'。"

"而'时间不多了'表示你还活着，但身体状况不允许你再工作了？"

我点点头说："你说得对。"之后我又问道，"你愿意告诉我你处在赚钱比赛的哪一节，以及你是否还在比赛，或者已经赢得了比赛吗？但不需要告诉我你的年龄。"

"我不在乎告诉你我有多大。我32岁，处在你所谓赚钱比赛的第一节。"停顿了一会儿，她继续说道："不，我还远远没有赢得比赛。我债台高筑，要还教育贷款、房贷和车贷，还要缴税，以及日常生活开支，这些就把我挣的钱花去了大半。"

长时间的沉默，这使得她的话得以在整个房间里回荡，之后，我说："谢谢你的诚实。如果你正在开始人生的第四节，假如你55岁，并且在股市上损失了很多钱，你还有能力做长期投资吗？你还承受得起再一次的市场低迷吗？当你的钱每年的回报不足10%时，你还能一边工作一边等待吗？"

她回答说："不能。"

"现在,你能理解为什么拥有足够的钱有多么重要了吗?理解为什么提高你的财商,让你承担较少的风险,在较短的时间里创造更高回报的重要性了吗?"

她点头赞同。

我想强调一下我的观点,又问道:"现在你能理解为什么将你未来的财力当赌注押在股市涨跌上没有多大意义了吧?现在你能理解为什么你不聪明了吧?将你的钱交给陌生人,而他们只会猜测哪只股票是绩优股,哪只股票是垃圾股。随着年龄的增大,你不得不努力工作,并缴纳越来越多的个税,然后意识到这种拼命工作的生活没有什么成绩可言,这有意思吗?"

她回答说:"没意思。"

当知道她理解了为什么为了得到更大的回报她必须要控制自己的钱非常重要之后,我又温和地问了她一个问题:"你理解为什么美国人最怕老了以后没有钱花的原因了吗?"

"是的,"她声音颤抖地说道,"我妈和我爸害怕几年后不得不搬来跟我一块儿住。我也担心这个事。我非常爱他们,但我只是他们的孩子。我还有丈夫和3个孩子。可我和丈夫能够负担得起孩子尚小的家庭、年老之后的父母、孩子的学费和我们自己的退休生活吗?"

不要做牺牲品

房间里再次陷入沉寂。我能够断定很多其他人也面临着相似的财务困境。"并不是1 000万美元有多么的重要。"我轻轻地说道,"我讲的是要控制你未来的理财;讲的是你要学会打好自己的赚钱比赛，而不是让其他人拿走你的钱，为你打比赛。我不是在告诉你如何快速致富，虽然你能够做到；我只是想让你理解为什么富人会更富，以及你需要做什么才不至于成为赚钱比赛的牺牲品。我不希望你成为这场比赛的牺牲品，也别成为这场比赛运营者的牺牲品。通过我对这场比赛的分析，你能够拥有更大的控制力，然后对你的钱和你未来的理财承担更大的责任。"

为时未晚

那位年轻的女士问道："我能赢得'比赛'吗？"

"当然能，"我回答道，"但你需要从改变态度开始入手。态度改变之后，详细写下一个10年计划。我再说一次，这与快速致富无关，而是要你学习比赛和参与比赛。一旦你学会了比赛，比赛就变得更加有趣。随着年龄的增长，多数人会说'为什么我早没这么做？这是个有趣的比赛'。"

"如果不改变，我就没有很多获胜的机会，是吗？"

"好吧，我不能未卜先知，但是，鉴于你有3个年幼的孩子、年老的父母，外加你和你丈夫本身的财务需求，我只能说比赛马上就会结束，而你却不是赢家。什么时候开始都不晚，所以，你要尽早开始。我所有的要求就是，你不要等到你所有的钱和精力都消失了，或者等到听取了差劲的理财建议，并进行长期投资之后，才发现你用辛辛苦苦挣来的钱所做的投资并不能达到你预期的表现，或者只是越来越努力地工作，希望你的财务问题会解决，或者更糟，因为你永远不能停止工作。请不要像那数百万人一样，某天一觉醒来，问道：'谁掏走了我的钱？'"

那位年轻的女士点点头，回到了她的座位。我能够看出来，她需要好好地想一想。她必须决定是自己控制自己的钱，还是简简单单地将她的钱交给她希望在理财方面比她更聪明的人。这是她能做出的唯一选择。

而这正是本书要讲述的内容。本书讲述的是关于赚钱比赛的内容，以及你是选择将钱交给为你打比赛的某个人控制，还是选择自己控制你的钱、你的未来和你参与的比赛。

正如我的富爸爸所言："如果你能控制你的钱，你就能控制你的生活。"他还说过："把你的钱交给陌生人，那你的钱在为你赚钱之前先要为陌生人效力。"

第一部分
我应该做什么投资

"你受过的理财教育质量越好,你获得的投资建议水平就越高。"

——富爸爸

第一章

询问销售人员

"如果你想成为一个更好的投资者,就要弄清楚推销说辞和合理投资建议之间的差别。"

——富爸爸

"我有1万美元,应该做什么投资呢?"正如在前言中提到的那样,有好几年的时间,我真的不知道如何回答这个简单的问题。我早期的答案是令人困惑、啰里啰唆和不着边际的。我无法回答如此简单的问题,只是因为给出恰当的答案并不简单。我们都是千差万别的人,走着不同的人生道路,追逐着不同的梦想,而在情感上,我们又相异地联系在一起。我们的财务状况不同,对财务风险也有着不同的承受能力。换句话说,我用1万美元要做的事并不是你用1万美元想做的事。事实上,10年前我用1万美元所做的投资也不是我今天用1万美元想要做的事。正如爱因斯坦所说的那样:"这都是相对的。"

最终,当我被同样的问题问过多次之后,我想出了一个自认为恰当的答案。今天,如果再有人问我这个问题,我会告诉他:"如果你不知道用自己的钱干什么,那就把它存在银行里,并且别告诉任何人你有可以用来投资的闲钱。"我之所以这样说，是因为如果你不知道用自己的钱干什么，而知道用它干什么的人却有几百万，这时，每个人都会对如何用你的存款进行投资发表一些意见和建议。

建议存在问题

问题是所有的建议都不是好建议。在最近的暴跌股市中，数百万人损失了几十亿美元，很多是因为他们听了所谓"理财专家"的建议。不无讽刺的是，今天，这些理财专家多数人仍然在到处发表建议，而人们仍然在听。

在有史以来股市暴跌最为严重的几个时期，理财专家建议人们将钱留在股市里，要继续购买，而不是抛售。许多人也确实在不断地购买，股市却一路下滑到谷底。

老话说得好："当出租司机都在散布炒股秘籍的时候，也就到了该出手的时候了。"也许应该将这一说法加以扩展，将它应用到理财专家身上。

理智的声音

1995年至2000年早期，股市一片繁荣，在这个非理性时期却出现了两个理智的声音，即前美国联邦储备委员会主席艾伦·格林斯潘和沃伦·巴菲特，而报道称巴菲特是"世界上最伟大的投资者"。格林斯潘对"非理性的繁荣"发出了警告，而巴菲特则置身事外，坚决不进入股市。

不管是经济繁荣时期，还是经济萧条期间，当人们谈论精明的投资时，常常会提到巴菲特的名字。理财顾问之所以使用他的名字，是因为在谈到为什么要入市交易时，大家把他当成一个权威人物。理财顾问会说"巴菲特这样，巴菲特那样"。当提到巴菲特的名字时，人们似乎会把更多的钱投入到股市。而有一点顾问们并没有告诉他们忠实的投资者，那就是"巴菲特并不是一个股民"。

2002年，《财富》杂志发表了一篇标题为《预知一切》(The Oracle of Everything)的文章，沃伦·巴菲特在文中说道："60年前我购买了第一只股票。在这60年里，其中有50年我对购买普通股有兴趣。大概有10年的时间，我却找不到任何一只可买的股票。"他停止购买股票的理由很简单：在迈向2002年的10年里，股价太高了。世界上最伟大的投资者都不能在股市上发现可投资的股票，而几百万投资新手和他们的顾问却能够发现，我觉得这很有意思。

批评最伟大的投资者

文章还提道，当许多受尊重的理财专家和刊物注意到巴菲特在市场最繁荣时没有进入股市，他们开始对巴菲特进行批评，哈里·牛顿(Harry Newton)便是其中一位。当时他还是《科技投资人》(Technology Investor)杂志的发行人，他曾这样写道："沃伦·巴菲特应当说'抱歉'。他怎么可以错过硅谷、无线电、数字用户线路、光缆和生物科技股呢？"

一个月之后，科技股市场崩盘，将投资者投入的几十亿美元席卷而空。今天又该是谁应当说"抱歉"呢？

我的经历

作为一个经常被与所谓的"理财专家"混为一谈的人,你有必要知道我的经历。不久前,我接到一位来自马里兰州巴尔的摩股票经纪人打来的电话。他说:"我刚刚读完你的第三本书《富爸爸投资指南》(Rich Dad's Guide to Investing)。我祝贺你预言了2000年的崩盘,我后悔没让我的客户在股市崩盘之前阅读此书。"现在,我不认为自己成功预言了崩盘,我只是发出了警告而已。

你会在《富爸爸穷爸爸实践篇》(Rich Dad's Success Stories)这本书中找到那些最能证明我的经历的内容,它们是我的读者的经历。这是一本充满了平凡人亲身经历的书,当数百万人正在股市中损失几十亿美元的时候,这些普普通通的人却收获颇丰。因此,我没有竭力吹捧我自己的成功理财经验,虽然这些经验在股市崩盘时也非常有效,但我最重要的成就是以我的读者所取得的成功来衡量。

回答问题

良好的建议对于理财成功至关重要。曾经很多次,我希望能有时间更好地回答"我应该用1万美元做什么投资"这个问题。几年过去了,我还是无法回答。不过,我决定撰写《富爸爸给你的钱找一份工作》这本书,用它来回答这个问题。而这么做的理由也很简单,因为这个问题非常重要。

坏建议的代价

几年前,我乘坐出租车赶往机场。车载电台中一位理财专家正在发表他的投资建议:"现在到了重新进入股市的时候了。"

"你为什么会这么说?"电台主持人问道。

"因为现在是一路绿灯,"理财专家说道,"这个市场在直线上扬。"然后他继续长篇大论,满嘴都是股市的标准词汇。而在股市崩盘之前、期间以及现在,我们中的很多人已经无数次地听到这些话了。

透过车窗,我凝视着外面,开始走神了,不再关心理财专家说些什么,直到主持人重新控制了话筒,我才回过神来。"好吧,让我们开始接通热线电话,看看打进电话的热心听众会问你什么问题。"

第一个打进直播间电话的听众说:"我今年78岁,我妻子75岁。几年前,我们为自己量身打造了一个合意又安全的退休投资组合,把大约100万美元投入了共同基金。"

主持人说:"那太棒了。"

"是的,但那是在几年前。"

"那你现在还有多少?"理财专家问道。

"哎,说的就是这个问题,"年迈的老人说,"当股市开始崩溃时,我打电话向我的理财规划师征求意见。"

电台主持人问道:"他怎么说的?"

"他的建议和嘉宾现在说的一模一样。他说市场将会反弹。这只是少量获利所造成的小小的修正。他从来没有告诉我这是市场崩盘。事实上，他从来没有告诉我们市场会下跌，或者共同基金并不安全。相反，他给我们的建议是继续做长线，那就是购买，持有，并且多样化。"

主持人问道："那么你是怎么做的？"

"我们按兵不动，并按照他告诉我们的方法去做。在市场持续下跌时，我们还在捂着，观察着。当价格跌得更狠时，他甚至打电话告诉我们趁价格低时多买点。"

"所以你就买了更多的股票？"

"我们确实买了。但是股价不断下跌，而我们也不断打电话给他。几个月之后，他不再接我们的电话。之后我们接到通知，说他已经离开了公司，并把我们移交给了公司的其他人。不管怎么说，我们已经厌烦了拆开投资公司的信封了。看着我们一辈子辛辛苦苦挣的钱随着股市崩盘一起消失，我受不了。我们已经丧失劳动能力了，现在束手无策，不知道我们还能做些什么。"

主持人再次问道："那你还剩多少钱？"

"咳，自从他不跟我们通电话之后，我们采取了措施，卖出了我们的共同基金。我妻子和我认为最好是持有现金。因此，在我们将共同基金兑现之后，我们大约有35万美元，并去银行把这笔钱存为定期存款。"

"很好，"主持人说，"至少你还有一些现金。你要知道，35万美元可不是个小数目。"

"是啊，问题是，定期存款每年的利率只有1%。35万美元的1%即3500美元。即便是加上社会保障和老年医疗，用这点钱过日子也很难。我担心我们可能不得不开始吃存款。如果那样做的话，我们的经济条件将会变得更糟。你有什么建议吗？"

"你有房子吗？"理财专家问道。

"是的，我们有，"老人说道，"但是请不要要求我们卖了它。这是我们剩下的全部家当了。另外，它只值大约12万美元，而我们还有8万美元的房贷。原因是我们以抵押贷款的方式贷了一大笔钱，因为当利率降低时，我们可以再贷款，可以用房屋的净值抵押取出一部分额外的钱来。"

电台主持人问道："那你用从房子身上得来的钱干什么呢？"

"花完了。我们得靠它过日子。这就是我要寻求一些建议的原因。"

主持人问那位理财专家："喂，你会给这对老夫妇提供什么建议？"

"好吧。首先，你不应该卖掉你的股票，"理财专家说，"正如我说的，市场将要复苏。"

"但它都连续下跌好几年了，"老人说，"当你到了我们这个年纪就会知道，损失这么多钱是多么可怕的事情。"

"是的，是的，我知道，"专家说，"但现在你要听我的。放长线才能钓大鱼，你应该永远购买、持有，并保持多样化。市场的确在下跌，但它们会复苏的，就像现在一样。"

电台主持人问道："那么他和他妻子现在应该做什么？"

"现在是入市的时候。正如我说的那样，市场正在复苏。永远要记住，过去的40年里，股市平均每年上升9个百分点。"

主持人问道："你认为现在是入市的时机？"

"说得对，"理财专家说，"入市，赶在你错失下次复苏之前。"

主持人对那位 78 岁的老人说："好建议，谢谢你打来电话。现在我们要接通下一位听众的电话。"

此时出租车正驶进机场，气死我了。"他们怎么还在兜售同样的老建议，并且还因此而获得报酬呢？他们晚上如何能睡得着觉呢？"当我走向登机口时，我自己嘀咕道。排队登机时，我在一份被丢弃的报纸上读到了一条标题为《投资者将钱投入到房地产》的新闻。我默默地摇着头说："从一个'繁荣—萧条'到另一个'繁荣—萧条'。"

同样的老建议

当飞机驶离航站楼时，我开始回忆自己第一次做投资者时的情景，那时我对投资知之甚少。我的思绪退回到 1965 年，那时我 18 岁，购买了第一只共同基金股票。即使我当时并不清楚共同基金到底是什么东西，我还是购买了。我所知道的一切无非是共同基金与华尔街联系在一起，而"投资华尔街"在当时似乎是一种很酷的想法。

我在纽约就读美国商船学院，这是一家联邦学校，主要是把学生培养成货轮、油轮、客轮和其他商船的高级船员。在陆军学院，我们必须按规定穿好军装、擦亮皮鞋后列队去上课。我发现自己很难适应这种新生活，因为我来自夏威夷，在那里我只穿短裤和 T 恤衫。枯黄的树叶纷纷落下，这意味着秋天即将结束，我也正准备体验我人生中的第一个冬天。

一天下午，我收到了一张便条，说是卡林（Carling）先生想见我。我不认识什么卡林先生，但当你是军官学校的新生，即新兵蛋子时，你得学会服从命令，并且立即执行，无需质疑上级领导要求你做的事情。

"趁年轻，你要开始投资，"卡林先生面带着微笑，坐在我的桌子对面对我说道，"永远记住杰出投资者的秘籍，即'购买，持有，做长期投资'。让你的钱像树一样生长。永远记住在投资上要保持精明和多样化策略。"

听着他的建议，我只是点头，并且说"是，长官"。我真的不知道他在讲什么，但进入学院4个月来，我在坐姿、挺直站立和说"是，长官"等方面受到了严格的训练。

卡林先生是该学院的校友。他在结束了海上航行生活后进入了理财规划行业。他了解我们新生正在经受炼狱一样的生活，因为他自己也曾亲身经历过。我在说"是，长官"时，确实对"他是如何进入学院"产生过疑问，因为他不再是一名学生，也不在商船学院工作。我也好奇他怎么会知道我的名字。我所知道的就是他联系上我，并安排我在上自习时与他见面谈话。我正在向另外一个权威人物说"是，长官"，虽然他身穿西服领带，而不是军服。

我问道："我应该投多少钱？"

"每月只要15美元。"这个满脸堆笑的人回答道。

"15美元？"我说，"我上哪里弄这些钱去？你要知道，我读的可是全日制学校。"你要知道，当时是1965年，15美元对一个大学生来说可是一大笔钱呢。

"要坚强，"卡林先生微笑着说，"学院会教你如何遵守纪律。只要你把每月拿出一点钱存起来当成纪律，你很快就会有一大笔私房钱。记住，永远做长期投资。"虽然我同意他说的全部内容，但我还是注意到他总是在强调"长期投资"这个词。我也说不清楚为什么会这样，始终觉得这个词和他说话的方式让我有点不舒服。

时间宝贵，我得回去学习，所以，只能他说什么我都表示同意。在选择了他建议我投资的共同基金公司之后，我签署了一份协议，同意每个月给他邮寄一次支票，以便购买更多的股票。在处理完相关文件后，我急忙赶回去学习了，之后就把这个投资计划抛到了脑后。从那年的11月开始，我坚持每月给他邮寄一张支票。

圣诞假期

刚入校的头6个月十分难熬，这是我一生中度过的最艰难的一段日子之一。这是我第一次适应远离家乡的生活，也是我第一次在纽约生活。我剪了平头，而且课业负担很重。重要的是，除非是感恩节或圣诞节，不允许新生离开校园。随着冬天的冷风横扫过长岛海峡，我开始计算离圣诞假期还剩多少天。我储蓄账户里的钱刚够买一张军人回家探亲的打折机票。

最后，我回到了夏威夷温暖的气候之中。我要做的第一件事就是约上我以前的高中同学去冲浪，从清晨一直玩到深夜。虽然我的朋友拿我的短发开玩笑，但有此空闲并且重新做一回小孩子这感觉很好，重要的是，我又重新拥有了一身黝黑的肤色。

过了几天假期之后，我和富爸爸的儿子迈克（Mike）一起去富爸爸的办公室拜访了富爸爸。在迈克和我一起冲浪的时候，他说他爸爸想见我。说过平日的客套话和简短的叙旧之后，我偶然跟富爸爸提到我的第一次投资。我只是顺便提及我的投资。对于我来说，谈论我的投资只是闲谈。但对于富爸爸来说，我所做的事情远不止是闲谈。

他问道："你做了什么投资？"

"我投资了一只共同基金。"我回答说。

他问道："为什么？"他并没有问我投资的是哪只共同基金，只是想知道为什么投资共同基金。

我没有回答，有点踌躇，开始搜肠刮肚，想找出一个比较符合逻辑的答复。

"你从谁的手里买的股份？"还没等我回答，富爸爸又问道，"你了解他吗？"

我肯定地答道："啊，是的，"但略带一点为自己辩解的口气，"他是我们陆军学院58级的一个毕业生。跟我是校友，他因此被获准进入校园，向学院的学生兜售他的投资。"

富爸爸会意地一笑，问道："他是怎么得到你的名字的？"

"我不知道，我猜可能是学院给他的。"

富爸爸再次会意地一笑，这次他没有说什么，又坐回到椅子上，倚着靠背，伸直腿，双手做祈祷状放在下巴下面，只是坐在那里，寻思着想跟我说的话。

最终，我打破了沉默，问道："是不是我做错了？"

还是只有沉默，此时的10秒钟对我来说相当漫长。"没有，"富爸爸终于开口说话了，"首先，我要表扬你主动投资这件事。很多人都是很晚以后才为自己投资，或者从来不为他们的将来投资。很多人花光了他们挣到的所有的钱，然后期待着自己退休之后，他们为之效力的公司或政府能够关照他们。至少你还做了一些事，而且你用的是自己的一部分钱来投资。"

"是不是我做的事情不太对？"

"不是，并不是你做的事真的就错了。"

"那你为什么要担心？"我问道，"难道还有更好的投资吗？"

"也有，也没有。总会有比这更好的投资，也会有比这更差的投资。"富爸爸说着，重新坐直了身子，"我并不担心你投资的东西，现在我关心的是你。"

"我？"我问道，"我怎么了？"

"我只关心你会成为哪一类的投资者，你投资什么我反倒不那么关心。"

是推销说辞，而不是理财教育

"我不是一个好的投资者？"

"不，不是说的这个，"富爸爸说道，"他建议你'长期投资，购买，持有并且多样化'，对不对？"

我轻轻地说道："对啊。"

"这个建议的问题在于它是一种推销说辞，"富爸爸说道，"它并非一种正确的投资方式，更不是学习投资的方式。对你来说，要想获得成为一个精明投资者的理财教育，这不是一种好方法。"

我问道："什么是推销说辞？"

"好吧，想想看，"富爸爸回答说，"每个月只是寄一张支票，你能学到多少投资经验？"

我想了一会，最后答道："没多少。但为什么它是推销说辞呢？"

"你再想想看，"富爸爸笑了，"你仔细思考一下'长期投资，购买，持有并且多样化'这个建议。"

我问道："你不打算告诉我？"

"是的，至少现在不会。你才18岁，现实世界中还有很多东西等待你去了解。眼下你有机会学到一次人生最重要的教训。所以，好好想想吧。等到你想明白了为什么'长期投资，购买，持有并且多样化'是一种推销说辞，而不是合理的理财教育时，你再告诉我。大多数人从来不了解推销说辞和理财教育之间的区别。这就是为什么只有少数人能成为富人，而大多数的人一旦成为投资者就会赔钱。因为他们认为推销说辞就是理财教育，所以，他们会赔钱；因为他们认为'长期投资，购买，持有并且多样化'是理财教育，所以，他们认为这样做是聪明之举。这就是推销说辞和真正的理财教育之间巨大的差别。"

在富爸爸说话时，我开始理解为什么基金销售人员总要强调"长期投资，购买，持有并且多样化"这句话了。

数百万人损失几十亿

如前所述，股市崩盘之际，数百万人损失了几十亿美元。这些损失还不包括失去工作和这些损失所带来的情感上的痛苦。为什么会有这么多人会损失这么多的钱？虽然理由有很多，比如经济疲软、恐怖分子、腐败、不良的分析报告、欺诈、市场行情和其他的疏忽，但还有一个鲜为人知的根本原因，那就是数百万人把一套通用的商业销售说辞误认为是可靠的理财教育。有很多人始终在坚持邮寄支票，或者买了不卖。他们投资，并且长期持有，即使股市纷纷崩盘，他们也不改初衷。

钱并没有受到损失

迈克尔·刘易斯（Michael Lewis）是一位受人尊敬的财经作家，以其畅销书《说谎者的扑克牌》（*Liar's Poker*）、《魔球》（*Moneyball*）、《大空头》（*The Big Short*）和《自食恶果》（*Boomerang*）而著名。他曾在英国周刊《旁观者》（*Spectator*）和《新共和》（*New Republic*）担任编辑，同时还是加州大学伯克利分校的访问学者。

《纽约时报》（*New York Times*）刊登的刘易斯的一篇文章中这样写道："股市的损失并不是社会的损失。这是财富的转移，它们不过是从一个人手里到了另一个人手里而已。"

他还进一步描述了自己在股市的经历。"当我最终决定购买网络股的时刻，恰恰是它们应当出手的时刻，这个时刻我应感觉到才对。相反，我在每股160美元时急忙买进了Exodus通信公司的股票，看着它上涨了几个点，然后就崩盘了。我的钱哪儿去了？它并不是简单地消失不见了，只是被卖股票给我的那个人装进了口袋。如果按照可能性大小排序的话，怀疑对象为：①某些Exodus通信公司的员工；②一只很有门路并在早期以发行价购进的共同基金；③一位以150美元购进股票的当日交易者。"

换句话说，这几十亿美元并没有消失。它们只是从一个投资者手中转移到了其他投资者的手中。一些投资者变得更富有，而其他投资者则变得更穷。这就是为什么富爸爸更关心我这个投资者的身份，而不是我投资了什么。

我何时卖掉

1965年，当得知富爸爸对我的首次投资并不十分满意之后，我问道："我是不是要把这些共同基金的股份卖掉？"

他露齿一笑，说道："不，换作我就不会马上卖掉它们。你可能犯了一次错，但你还没有学到教训。搁在手里多待一段时间。每个月继续付款，直到你学到了你需要学习的东西。如果你这样做了，那这个教训就是千金难买的。如果你从这件事中学到了什么，你会得到比金钱还要重要的东西。沿着这条路走下去，你就会成为一个更好的投资者。如果你想成为一个更好的投资者，首先你要学会分辨推销说辞和合理投资建议之间的差别。"

长期投资

圣诞假期一结束，我就返回了位于纽约的美国商船学院。恋恋不舍地离开温暖的夏威夷海滩，我又重新回到纽约那个冬天最寒冷的地方。我现在是在颤抖，而不是冲浪。

按照富爸爸的建议，我继续每月给共同基金公司邮寄支票。我很难得到额外的钱，因为我很少得到家里的资助，而且我还有其他消费，偶尔会花钱参与社交活动。为了弥补缺口，有很多个周六我会外出到邻居家里打零工，每小时赚2美元。如果我每月有1~2个周六打工，我就有钱给共同基金公司邮寄支票了，此外还能花钱购买生活必需品，还有钱娱乐。

我偶尔会打开报纸，阅读投资版面，找到我投资的基金看看它的业绩如何：该基金表现一般，它在某一价位保持不变，就像是一只昏昏欲睡的老狗。曾经有一个学期，我收到基金公司来信，并附带一张对账单，以此证明我的付款情况。过了一阵儿，我开始对打开信封惴惴不安，因为我平时对基金的表现不太满意。我购买的那只股票的数量一直在增长，但每股价位却没有变化。老实说，我感觉购买这样一只表现欠佳的基金有点愚蠢。

6个月之后，我回到了夏威夷，此时正是暑假。当我路过富爸爸的办公室跟他打招呼时，他邀请我去外面一起吃午餐。我们在饭店里刚一落座，他就问我："你的共同基金表现如何？"

"嗯，我在6个月里投了差不多100美元，但基金半死不活。我开始投资时，它们的股价是12美元，现在还是12美元。"

富爸爸咯咯地笑了起来："沉不住气了？"

我答道："嗯，我喜欢看到它有点反应。"

"急躁没有什么好处，"富爸爸笑着说，"耐心对于投资很重要。"

"但基金无所作为。"我回答道。

在我最后说出这一评论之后，富爸爸大声地笑起来。他显然觉得很有趣。他说："我不是在说你的基金，我谈的是你。如果你想成为一个好投资者的话，你需要学会有耐心。"

"我不是没有耐心。我的钱放在那里差不多有10个月了，到现在每股价格仍然没有动弹。"

"我早就说过，当你是没有耐心的投资者时，情况就是这样。"富爸爸说话的口气很坚定，"没有耐心的投资者常常会草率地投资，他们的急躁导致他们会选择那些表现不佳的理财产品。"

"选择表现欠佳的投资只是因为我投资时没有耐心？"

富爸爸点点头:"在你决定投资之前,你跟你的共同基金推销员交谈了多长时间?"

"我们谈了大约1个小时。他问过我的人生目标。他跟我展示了几幅图表,以此向我表明道琼斯工业平均指数正在不断上升。他还解释了在很长一段时间内进行少量投资的价值所在。"

"因此你就下定决心购买了股份?"富爸爸笑着说。

我答道:"对啊。"

"这就是我说的'急躁',"富爸爸轻声笑着说,"你急于投资,而现在你的投资没有动静,你等得就没有耐心了。当你最初并不知道什么是投资的好机会,并且也不愿意花时间寻找投资机会时,你怎么能够指望找到一个极佳的投资机会呢?种瓜得瓜,种豆得豆。你的急躁导致你找到一个让你更加急躁的投资。永远要记住这一点:最坏的投资是给没有耐心的投资者准备的。知道这个教训了吧?"

"是的,我知道了,"我又急切地问道,"这么说我是在浪费我的钱了?"

"不是,"富爸爸说得很果断,"目前,不必担心你投没投钱。眼下,你学到了一个无价的教训。多数投资者从来没有从自己的投资中学到这种缺乏耐心的教训。不要太急躁,花时间吸取这一教训。"

"好的,"我说,"我会花时间吸取这一教训。下次做投资决定时,我会更有耐心。"

"很好,"富爸爸说,"多数投资者会怪罪他们的投资,却不责怪他们自己。实际上,真正的问题在投资者,不在那个投资。

现在你知道了你缺乏耐心而付出的代价,如果你吸取教训的话,这是相当好的一堂课,你可以从现在开始学习投资。"

"但我是一个全日制学生。我得专心学习。"我辩解说,"我没有时间学习和研究更多的投资经验。"

"在你毕业之后,你很快就会全日制地工作。也许你会结婚,买房子,开始养家糊口。如果这些都发生了,不仅花费会增加,还需要你投入更多的时间。如果你认为作为一个学生很忙,你会说等到你工作、结婚并且有了孩子之后就有时间了。如果你现在不拿出时间学习如何做一个更好的投资者,你明天会说同样的话,就像你今天说的一样。你仍然会说'我没有时间学习和研究更多的投资经验'。因为你缺乏耐心,你的懒惰,再加上'没有时间'这个为自己解脱的借口,你只会重复做原先做过的事,将你的钱交给完全陌生的人,至于他们用你的钱做了什么,你一概不知。"

我静静地坐着,领会富爸爸的话。我并不像他说的那样。我开始生气:怪他不知道就读于一所军事学院有多么难,我不但要背负沉重的学业,还要进行体育比赛以及参与社交活动。

"不过就是承认你没有耐心,"富爸爸说,"不过就是承认你不愿意且因为太忙而无法花时间学习做一个投资者。这要比你只是说自己太忙更实在。然后再承认你没有足够的耐心去寻找一个极佳的投资机会。"

"如果我承认这些,我就不会抱怨自己的投资表现不好了。"我补充道。

富爸爸会意地笑着说:"或者说当你的投资赔钱时,你也就不会抱怨了。"

"你的意思是说，我会在共同基金上赔钱？"我问道。

"你做任何投资都会赔钱。"富爸爸答道，"但你知道比赔钱更糟的是什么吗？"

我摇着头回答道："不知道。会有什么更糟的？"

"如果不学习怎么做一个投资者，更糟的就是你永远看不到极佳的投资机会。"富爸爸如实地说，"如果你从不花时间学习如何做一个投资者，你会活在对投资的恐惧之中，不断地说着'投资有风险'这样的话。由于相信投资有风险，你就会避免投资，或者将你的钱交给那些你希望他们会做出精明投资的人。但最糟的是，当你避免投资时，你也就错失了世界上最活跃的交易。你活在恐惧之中，而不是活在搜寻和发现极佳交易的兴奋之中。在你稳扎稳打、活在对赔钱的恐惧中时，你就不会获得赚钱给你带来的刺激，也就体会不到成为富人的那种激动。这就是你没有耐心，还不花时间学习如何成为一个真正投资者的最糟糕的事。"

我思考了一会儿，再次领会富爸爸说的话。与此同时，我开始回想起卖给我共同基金的理财顾问的那套推销说辞。

就像是猜透了我的心思，富爸爸问我："你的推销员朋友是不是告诉你股市每年会上涨 10 个百分点？这是大多数推销员都会用的标准的、千篇一律的推销说辞。他是这样告诉你的吧？"

我答道："他就是这样说的。"

富爸爸大笑起来："他可能认为那是一个很大的回报呢。10%的回报简直就是芝麻粒！即使这么小的回报他都不能保证。他只会每年寄给你一张生日贺卡，上面写着'谢谢你的关照'。最终的结果是'他赚了，你赔了'。但是，对你来说，最大的损失是你永远都看不到极佳的投资机会，因为如果你听了他那个'长期投资，购买，持有并且多样化'的建议，你就永远成不了一个杰出的投资者。最重要的是，最好的投资机会会落到受过最好理财教育的人手里，而最差和最有风险的投资机会则落到得到理财教育最少的投资者手里。"

我问道："你是说共同基金是所有投资中风险最大的？"

"不，我说的不是这个意思，"富爸爸回答道，现在他的语调有些沮丧。他深吸一口气，整理一下思绪，然后说道："听我说，我再说一次，我不是在谈论投资，我谈论的是投资者。如果投资者没有受到良好的理财教育，他们所做的任何投资者都是有风险的。他们偶尔可能走运，但从长期来看，他们一般会把挣到的大部分钱还给市场。我见过一个没有受过理财教育的投资者做了一笔巨大的房地产投资，结果丧失了抵押品的赎回权，最终把他拖得心力交瘁；我还见过一个没有受过理财教育的投资者购买了一家有利可图的、经营得很好的企业，不久企业就破产了；我见过一位经验不老到的投资者购买了一家大型公司的股票，观望着股价大涨，却没有在高位出手，在股市崩盘之后，他被套牢在这只垃圾股上。因此，并不是投资本身有风险，而是投资者有风险。"

我开始明白了富爸爸所说的话。他正在尽最大努力让我看到一个极少数人看到的世界，这是一个真正投资者的世界。

富爸爸喘了一口气，继续说道："我也见过一个职业投资人接管了一个已经让一个蹩脚的投资者糟蹋了的投资，但他却再次让它变成了一个有利的投资。所以，不中用的投资者赔钱，而精明的投资者赚钱。"

我问道:"你是说精明的投资者从来不会赔钱?"

"当然不是,"富爸爸回答道,"我们所有人都会偶尔赔钱。我说的要点在于:一个精明的投资者会专注于成为一个更精明的投资者,而普通的投资者只专注于赚钱。我在这里并不是告诉你如何经营自己的人生。现在,我希望你停下来,花点时间,想想你现在学到了什么,而不是你赚了多少钱,或者赔了多少钱。不要把眼光只盯在钱上,要专注于学习做一个更好的投资者。"

"在我做长期投资时,如果我所做的只不过是填写一张支票,插进信封,舔一下邮票,然后把信封投入邮筒,那么,我就学不到很多投资知识啦?"

"我说的正是如此。你没有学会做一个投资者,你只是学会了做一个存钱的人,学会了舔邮票。"

富爸爸站起来伸了伸腰。我能够看出,向我反复灌输这种简单但却重要的教训已经让他感到厌倦了。他回头望着我,说道:"那么,你从你的共同基金投资和你自己身上学到了什么?"

"我不仅懂得了自己缺乏耐心,还了解到是我一直在找借口而不花时间学习投资。"

"那这意味着什么呢?"富爸爸问道。

"意味着我并不总是获得最佳的投资;意味着我失去了一个让人激动的世界,而这个世界没有几个人能够看到;还意味着如果我不做出某些改变,我就是一个赌徒,而不是一个投资者。"

"悟性不错,"富爸爸笑了,"还有其他的吗?"

我想了一会,实在想不出任何其他的答案了,便回复道:"没有了。"

"把你的钱交给一个完全陌生的人会怎么样?"富爸爸问道,"这个陌生人把你的钱交给其他什么人又会怎么样?这些不露面的陌生人用你的钱做了什么?你知道有多少手续费是从你的钱里扣走的吗?你知道你的钱有多少真正用于投资,以及你的钱有多少进了为你打理钱的人的口袋,又有多少钱返回你的口袋吗?如果他们把你的钱赔了怎么办?你有没有追索权?你知道这些问题中的任何一个答案吗?"

我摇摇头,有气无力地答道:"不知道。"

"你有没有问过卖给你这些共同基金的那个家伙:他是否能够依靠他自己的投资过日子?或者,他是否能够依靠你给他投资的钱中所取得的佣金养活自己?"

"没有,"我轻声地回答,"我从来没有问过。"

利益冲突

当我意识到我可能犯了一个错误时,我想责怪卡林先生;但我更清楚地知道:我是投资者,我没有对投资进行足够的审慎调查就做出了投资共同基金的决定。

理财规划师通过向普通投资者销售投资和理财产品而获得佣金,保险就是其中的一种。我们需要了解如何向推销员提出正确的问题,比如:

- 此共同基金相关的费用分别是多少?
- 你从销售中获得多少佣金?

富爸爸正试图让我牢记：我需要自己控制理财决定权，而不能把这一权利交给其他人。

轻微的处罚

2002年，华尔街上包括美林公司①在内的几家最大的公司被纽约州总检察长艾略特·斯皮策（Eliot Spitzer）以欺诈和利益冲突之名罚款14亿美元。在记者招待会上，斯皮策说："每个投资者都知道股市有风险。但每个投资者期待的和应该得到的是诚实的投资建议、没被利益冲突玷污的建议和分析。"对投资者损失的7～9万亿美元而只对那些公司罚款14亿美元，这相当于"违法者"造成7 000～9 000美元的损害之后只交纳1.4美元的罚款。这只是轻微的处罚，相比大公司从那些赔钱的投资者身上赚取的佣金，这要少得多。

征收14亿美元的罚金只是问题处理的一部分，改革方案也获得了通过，那就是建立一系列规则，目的是消除华尔街研究机构和股票发行机构之间的利益冲突，禁止公司的股票分析师从公司投资银行掌控的股票研究中获取报酬。

工作出色的奖金

在因欺诈被轻微罚款之后不久，《华尔街日报》发表了一篇题目为《美林给执行官们发放2002年的大红包》的报道。

文章解释说，尽管持续的股市溃败侵蚀了公司的主营业务，

---

① 美林公司，世界最著名的证券零售商和投资银行之一。——编者注

但美林公司还是对其董事会主席和首席执行官进行了奖励，奖金共计 700 万美元。

文章继续写道：2002 年，美林裁减了 6 500 名员工，使其裁员总数达到 21 700 人。

我放下报纸，心中不禁暗自奇怪：在公司受到欺诈指控，其投资者损失几十亿美元，并且近 22 000 名员工被解雇的时候，这个公司怎么还会奖励它的执行官几百万美元？

我不想让人看起来我专挑美林的毛病，为了公平起见，《华尔街日报》的文章也公布了其他金融机构首席执行官的年薪：

金融机构名称	首席执行官年薪
摩根斯坦利	1 100 万美元
高盛	1 210 万美元
雷曼兄弟	1 250 万美元
贝尔斯登	1 960 万美元

上述公司有几家也是被纽约州进行欺诈罚款的对象。

更多的诉讼接踵而至

2003 年，众多小投资者联手对美林提起诉讼。即便掌握了投资顾问不尽职的充分证据，小投资者还是败诉了。虽然我不喜欢看到小投资者败诉，但还是倾向于同意法官的判决理由——所有的投资者在踏入投资领域时都需要注意。换句话说，法官说的另一层意思是"时运不济"。

共同基金欺诈

2003年初,纽约州总检察长转而关注共同基金行业。他发表声明说:"涉及共同基金的每一笔交易几乎都有不为人知的投资动机。"他深入观察共同基金收取的隐形费用以及基金出售方式带来的利益冲突。他调查了"盘后交易"和"择时交易"这两种欺诈手法。盘后交易指在股市收盘后按照纽约时间下午4:00收盘时的股价下单交易共同基金股票,以便让特惠投资者利用还没有在收盘价中体现出来的盘后有利消息。择时交易指的是共同基金的短期交易,它对共同基金的长期股东会产生不利的影响。固有的利益冲突和内幕交易动摇了普通投资者的信心。

做一个经过训练的投资者

在投资领域,金钱是不会流失的,它仅仅是易手了而已。这就是为什么我会对告诉某些人把他们的1万美元投资于何处犹豫不决的原因。如果一个人不知道用他的钱做什么,他就应当在投资之前花些时间接受理财教育。在我看来,为什么数百万人会损失几十亿美元,首要原因就是他们将自己的钱轻而易举地投资了出去,却不愿意花时间学习投资。

因此,对于"我有1万美元,我应该做什么投资"这一问题,我的答案是:在把你的钱投资到你希望并祈祷着它是一个好的投资之前,首先花时间学习做一个更好的投资者。永远记住几年前我的富爸爸对我讲的那些话:没有受过很多理财教育的人常常会对推销说辞信以为真,他们误把推销说辞当成了建议。因此,本书讲述的是我的富爸爸所认为的对我非常重要的内容,即"在我拿出钱来投资之前,要花时间寻求真正的理财教育"。富爸爸还说过:"你受过的理财教育的质量越高,你获得的投资建议的水平就越高。"

第二章

询问牛场主，然后询问奶农

"持有一只股票的话，我最中意的期限是永远。"

——沃伦·巴菲特

在对我轻率地开始共同基金投资这一错误进行一番教训之后，富爸爸让我想起了有关投资方法的早期讨论（这是他经常做的事）。他回想起一堂理财课，说的是一个牛场主和一个奶农之间的不同。

美丽的比格艾兰岛

我在夏威夷的比格艾兰岛（Big Island）长大，岛上有一个帕克牧场。在我上高中时，帕克牧场是美国最大的私人牧场之一。在我16岁那年，富爸爸带着他的儿子迈克和我去参观这个牧场。当时帕克牧场是岛上最优美的游览地之一，今天也依然如此。这里远离威基基海滩喧闹的人群，高山环绕，青山起伏，草地宽阔，一直延伸到太平洋壮观的蓝色海水，而且这里还生活着世界上体型巨大的马林鱼。今天，位于牧场中心的卡姆艾拉小镇是我常常梦想的颐养天年的地方。

就在那次游览牧场时,我们碰巧看到了牛仔将一群牛集中从饲养场赶往屠宰场。虽然富爸爸在牛被屠宰之前领着我们离开了,但我们知道接下来将会发生什么事,同样牛也知道。这次的经历我永远不会忘记。

几个月之后,富爸爸带我们去奶牛场。大清早,我们看到农夫将奶牛集体赶进挤奶的牛棚。这些牛的表现大不一样。

富爸爸希望我们学习的理财课是这样的:尽管牛场主和奶农都把他们的牛看成资产,但他们处理资产的方式有所不同,他们有着不同的商业模式。

参观牧场和农场就是为了强调两者之间所存在的非常重要的差异:资本收益与现金流。

简而言之,可以把牛场主比作为了资本收益而进行投资的人,而奶农更像是一位为了现金流而进行投资的人。

之所以很多人会损失大量的投资,或者认为投资有风险,理由之一就是他们像牛场主一样投资,他们投资是为了屠宰,而不是为了得到牛奶。

与一位"资本收益"型投资者交谈

通过人们的言语及其使用的词汇,你可以分辨出哪些是为了资本收益而投资的人。这类人常说以下这些话:

- "我的资产净值增加了。"
- "我的住宅升值了。"
- "我在每股10美元时买下,当股价涨到15美元时,我就卖出。"

• "我买下一座房子,加以修缮,再出手时就赚了 23 000 美元。"

• "公司收入增加,所以我期待着股价也随之上涨。"

与一位"现金流"型投资者交谈

你也能通过下面的这些言语识别出那些为了现金流而投资的人。

• "我的资产现金回报率是多少?"
• "这只股票每股派发的红利为 56 美分。"
• "你会把资产折旧费算在收入内吗?"
• "这是一个利率为 7% 的免税市政债券。"

与一位理财顾问交谈

多数理财顾问会告诉你:"当你年轻时,我会向你推荐一只强劲增长型基金;而在你退休之后,我会推荐你转而投资一只收益型基金。"

将理财顾问的建议加以转译,即:"当你年轻时,投资资本收益;当你上了年纪之后,投资现金流。"

最大的傻瓜

除了贪婪和企业舞弊外,如此众多的人损失大量投资的首要原因之一是他们为了资本收益而投资。在股市泡沫产生之前，投资者所投资的这些高科技公司的经营状况早已变得十分糟糕——没有收入和利润，连分红都很少了。他们在投资时采用的是"博傻"的投资理论，这意味着他们希望碰到一些比他们更傻的投资者。在股市泡沫的高峰期，随着短线资金的撤出，最大的傻瓜最终显形了。今天这种情况仍在持续吗？答案是"当然"。

投资理财电视节目

在纽约期间，我参加了一档全国转播的电视理财节目的访谈，电视台的一位著名投资理财评论员立即向我开火，对我的投资策略提出了异议。他不无得意地笑着说："道琼斯指数涨幅接近50%，对此你有什么看法？"

我差点被他这种有点挑衅的态度气晕了，呛着他答道："那又怎样？"

很明显，他是一个为了资本收益而投资的人，而我是一个为了现金流而投资的人。他的投资像牛场主，而我的投资像奶农。你能想象得到，接下来的访谈进展得多么不顺利。

沃伦·巴菲特说过："在这个世界上，'股价在上涨'是购买一只股票的最愚蠢的理由。"

一个非常重要的区别

每当我听到某人谈论"长期投资"时，我常常会问他："你要投资什么？你投资是为了获取资本收益还是现金流？"如果我是为现金流而投资，我决不会在乎价格。如果我能今天得到我的现金流，得到我的现金回报，我就掏钱买，我不会为了明天，为了长期回报而投资。换句话说，那就是"现在就让我看到钱"。

一个荒谬的例子

问题在于：如果你今天给我10美元，我在接下来的几年内每月都会还给你1美元，你会认为这是一个好投资吗？我希望你会这样认为。换句话说，你会在10个月时收回成本，从那以后，你得到的钱全是赚的。

如此众多的人损失如此大量的金钱，理由之一就是因为他们每月向基金支付10美元，期限40年，却不知道从现在开始的40年后这个基金还在不在。这就是我所谓的"把你的钱再次存而不动"。显然，在大多数情况下，还是会有一些钱进账的，但有多少？够你的本钱吗？

现在，我能听到你们当中有些人会说："投资10美元，每月拿回1美元，这个例子是荒谬的。我向你们保证，这个例子一点也不荒谬。因为大多数人接受的训练是为资本收益而投资，他们常常无法看到为现金流而投资的力量。"

屠宰场思维

当我投资共同基金时，我的富爸爸替我感到难过，理由之一就是我受到了投资资本收益的诱惑。他带着他儿子迈克和我去牧场和奶牛场的原因就是，他想教会我们屠宰和挤奶的区别。他常常说："当有人说自己在市场上赚了大钱的时候，他们确实是赚了大钱。有些贫穷的投资者被宰了。做长线的投资者赔钱，而做短线的投资者会拿钱走人。事情总是如此，它发生在所有的市场上，而不仅仅是股市。"

挤奶棚思维

随着你阅读本书，你将发现现在投资 10 美元而在多年内每月都收到 1 美元这种案例的可能性是很大的，但你必须要像奶农一样思考，而不要学牛场主。

在你浏览本书的过程中，你可能会开始理解为什么沃伦·巴菲特会说"持有一只股票的话，我最中意的期限是永远。"

沃伦·巴菲特的思维和投资方式就像是奶农，我的富爸爸也是如此。你投资哪种类型的资产无关紧要。许多人投资一家企业，只是为了养肥它，"宰"了它，然后卖给下一个家伙。房地产和纸资产的情况也是如此。要想对本书的启示获得最好的理解，屠宰场的思维需要替换成挤奶棚的思维。

屠宰在继续

我不喜欢共同基金的理由之一是它们让我想起了饲养场，牛被约束在这个地方，只是为了在屠宰之前让它们长膘。不同之处在于共同基金这个"饲养场"挤满了小投资者，当他们分散化的投资组合增值的时候，他们也就变得"膘满体肥"了。然后，"牛仔们"骑着马儿来到，掠走他们的钱。

为了公平和平衡

很多人认为我是排斥股票市场的。这并不确切。我反对的是在投资时所采取的无知、过度贪婪和愚蠢的行为。这种养肥小投资者再宰杀的现象存在于所有的市场，我每天都能在房地产市场上看到这种现象。随着更多止赎权的丧失，许多人失去了他们的住房，而投资者需要赎回他们已经投入很多钱的财产。当利率上升时，房地产市场中这个更大的傻瓜就会被人牵去屠宰场。

我之所以向那个在黄金时间向全国播放电视节目的著名主持人说"那又怎样"，是因为我不想被牵去屠宰场。我不想因为这些（股价在上涨，或者房地产价格在上升，或者利率在下降）而入市。

新闻

我曾经听过如此的股市报道：

第一天："今日股市上扬，似乎迎来了一个非常大的反弹。"

第二天："今日股市下挫，似乎投资者正在从昨天的反弹中获利。"

第三天："今日股市上扬。我认为这是我们期盼中的反弹。"

第四天："今日股市下挫，据报道称这是内部人正在抛售。"

第五天："股市因高额回报的消息而上扬。"

第六天："在美联储将要加息的谣传出来后股市下挫。"

现实

新闻实际上是在告诉我们：做长线投资的人会不断地把他们的钱投入（或叫存放到）市场，希望股价会走高；每次股价上涨，做短线投资的人就会带着他们赚到的钱撤离市场。

为资本收益而投资是投机

在任何时候，如果你投资时怀着"某事将来会发生"这样的希望，那你就是在投机。为资本收益而投资的情况正是如此。并不是说这样做就是错误的。重要的是认识到你投资的目标是什么，并且不要欺骗自己。

超级杯赌球

为资本收益而投资就像是在橄榄球赛季开始时赌哪支球队会赢得超级杯一样。事实上，在赛季开始之前赌哪支球队会赢得超级杯要比为资本收益而投资的风险要小得多。为什么？因为在美国橄榄球联盟中只有几支球队，而股票或共同基金却有几千只供投资者挑选。

优先次序的问题

尽管这么说，我也确实会为资本收益而投资。有时候我会投机，偶尔我也会因为听到可靠的情报而投资。区别在于优先顺序。在本书中，你将发现富爸爸的投资方法是按照以下主次顺序进行的：

1. 现金流
2. 杠杆效率
3. 税收优惠
4. 资本收益

多数投资者只是为了资本收益而投资。从多数退休金账户中，你会发现普通投资者已经远离了现金流，他们几乎不会利用财务杠杆，税收优惠也很少，而且他们的钱被搁置在"牲畜的待宰栏"里育肥。一旦市场有什么风吹草动，"牛仔们"就会抵达，短线资金就会撤离，那些拥有退休金账户的人就成了最大的输家。

即便是威尔士亲王也早离开了

不久前，《悉尼先驱晨报》(the Sydney Morning Herald)发表了一篇标题为《谨慎地转向房地产投资，亲王悄悄地大赚一笔》的新闻。

你会注意到它用到了"大赚一笔"以及"悄悄地"这两个词，这表明在完成转移之前，他没有告诉任何人。文章继续写道：

> 伦敦讯：下个月，威尔士亲王（查尔斯）将把他拥有700年之久的房地产为其带来的创纪录的利润公之于众，这得益于他及时从股票市场转向房地产市场。
>
> 康沃尔公爵领地（Duchy of Cornwall）为这位王位继承人带来了收入，当亲王宣布在最近一个财年里这一财产获得了近2 500万美元这一创纪录的利润时，他作为"房地产之王"的新身份将是显而易见的。
>
> 因为经济低迷，许多企业的年度利润创纪录般的下降，此时，这一财产的利润数在去年却实现了大约25%的增长。

该文章描述了为什么富者更富的另外一个原因。当富人悄悄地转移他们的钱财时，小散户们正在"饲养场"里等着被"屠宰"。

想在饲养场中育肥这无可厚非，但是，你必须记住：要赶在"牛仔"到来之前退出。

本书要描述现金流的力量

富爸爸教我的是如何利用现金流来扩大我的牛群规模，从而让我的资产增值，而不是教我让我的资产成为待宰的肉牛。每年奶牛都会产下更多的小牛犊，增加现金流，而不是将奶牛带去市场卖掉。

在《富爸爸财务自由之路》一书中，我讲述了"铺管道，而不是永远提水桶"这一创富模式。在这一隐喻中，铺管道表示为现金流而投资，提水桶则是为资本收益而投资。

我经常碰到这样一类人，他们会说："我发现一座大房子，买下它，加以修缮，卖掉它。我赚了25 000美元。"虽然我知道这些人为他们的行为而感到骄傲，但对我来说，这是一种听起来很吃力的工作。在我看来，那是在提水桶，而不是铺管道。我是如何知道的？我之所以知道，是因为我曾经做过同样的事情。现在如果这些人遵循为资本收益而投资的原则，并且有意为投资现金流积累财产净值的话，就与富爸爸的教导更加符合了（事实上，我们已经把这一原则内置到了我们的"现金流游戏"中了）。

本书要讲的是"铺管道"

本书要讲述的内容是铺管道，有了管道，现金就会源源不断地流向你，你就能够实现财务自由。本书也要讲述如何扩大你的管道直径。当我开始经营一家企业时,现金流经常只是从我钱包里流出。以后,现金流变成用来给花园浇水的软管那样粗细的管子中滴出的一滴水。随着时间的流逝,我作为商人的工作就是扩大这个管子的直径。我的工作不是将企业、房地产或纸资产"宰了卖肉",然后寻找新的企业、房地产或纸资产。在我看来,这样做是典型的提水桶,而不是铺管道。

随着企业这一资产的现金开始流动,它流入第二类资产,之后又流入第三类资产。我的工作仅仅是铺管道,并且不断地扩大管道的直径,而不是买了资产再倒手,同时还得试图猜透市场,或预测市场的动向。

最著名的例子

在《富爸爸穷爸爸》一书中,我之所以突出强调麦当劳餐厅,是因为麦当劳餐厅是铺设三类资产(企业、房地产、纸资产)管道并使其互相连接的最著名案例。麦当劳创始人雷·克罗克(Ray Kroc)从一个商业计划开始起步,那就是汉堡店要购买一些世界上最好的房地产。公司不断成长,并经营和购买了一些世界上最好的房地产,即那些繁华十字路口的街角,之后公司在股票市场成功上市。每次当你看到坐落于繁华十字路口的一家麦当劳餐厅时,要提醒自己它是一家卖汉堡的、购买房地产(街角)并在全世界卖出几百万股票(纸资产)的企业。这才是真正的富人投资的方式。

2003年,雷·克罗克的妻子琼去世。他们共同建立的企业已经遍布世界,提供了几百万个工作岗位,并让很多人富裕起来。

除了是富人之外，琼·克罗克（Joan Kroc）也因她的慷慨而著名。据估计，她向有价值的事业和慈善事业捐献了几十亿美元。当我听到人们说"富人是邪恶的"或"富人是贪婪的"时，我常常要求他们读读麦当劳餐厅的故事。

铺管道这条路并不好走

它是最容易的投资之路吗？答案是否定的。它是最有利可图的投资之路吗？在我看来，答案是肯定的。实话实说，我个人在25岁时就开始走上了铺管道这条道路。正如你们中有些人知道的那样，我在35岁之前赔得很惨。但从35岁起，在资产之间铺设管道的任务变得更加容易，甚至是充满了更多的趣味性。今天，当我步入赚钱比赛的第四节时，管道坚固而且直径更大，更多的现金正在流淌而至。对我来说，这才是真的在做长期投资。正如富爸爸所言："在钱上作难的问题有两种，一种是钱不够，而另一种是钱太多。"你想要哪个难题呢？

沃伦·巴菲特说过："人们宁愿接受下周有一个中奖彩票的承诺，也不愿意接受一个慢慢致富的机会。"

为什么为现金流而投资的人不是很多

在我的研讨会上，我经常被问道："为什么为现金流而投资的人不是很多？"虽然我确信原因有很多，但我认为最主要的一个原因是"价格合适的、有利的现金流难以找到"。

如果你询问大部分投资顾问，他们是否会卖掉自己的企业、房地产或纸资产？他们肯定会说"不能做这种事"。很多人说这种事不能做的理由是因为他们不可能那么做。如果有可能，他们也会做的。他们的工作不是投资，而是理财产品销售，只有这样他们才可以将食物放在自己的餐桌上。当他们的报酬是基于资产的买和卖时，他们就是在做产生资本收益的资产交易，而不是在做产生现金流的资产交易。事实上，即使投资者在资产的出售中出现了亏损，他们照样会得到销售佣金。

最近，我的一位朋友跟我谈起了共同基金的丑闻，他说："共同基金行业永远是抽头①的基金，普通投资者无从知晓。我很高兴这一点终于大白于天下了。"虽然"抽头"这个词听起来有些苛刻，不过无论这些基金在市场上的价值是升还是降，相关的手续费都是要收取的。虽然证券交易委员会要求所有的共同基金要在基金招募说明书的前面用一个标准化的费用表披露其收费结构，但你研究过多少基金招募说明书呢？

如果你通过经纪人投资，要询问他们如何取得报酬。他们可能根据基金的前台销售收费或后台的工作量来获得酬劳，如果你在最初阶段卖出，就会涉及这些问题。基金也可能通过向你收取较高的费用来为经纪人支付酬劳。经纪人也会因为管理你的资金而收到管理费，通常会依据你共同基金账户中的资金数量每年收取 1% ~ 1.5% 的管理费。另外，你可能要向理财中介支付一定的顾问费，这个理财中介有可能是维护你账户的经纪公司或某投资顾问。这些费用有别于在共同基金费用表中披露的费用。

---

① 抽头，指商品交易或办事中的回扣。——编者注

共同基金费用

股东费用直接随投资者的交易收取：

·最高认购费（佣金）——购买时收取；

·最高递延销售手续费（佣金）——股份转让或赎回时收取；

·红利再投资的最高认购费（佣金）——当分红被再用于投资购买另外的股份时收取；

·赎回费用——当投资者赎回股份时收取；

·转换费用——在投资者将资金从一只基金转移到同一基金家族中的另外一只基金时收取。

年度运营费用则在将收益分配给投资者之前从基金资产中扣除：

·管理费用——由于基金投资顾问对基金的管理而收取；

·分销费用——支付给市场营销、广告和销售人员。根据法律规定，其数额不得超过每年基金平均净资产的1%。这其中可能包括一项服务费，最多为每年平均净资产的0.25%，应支付给为投资者账户提供服务的销售人员；

·其他费用——比如转换代理人的费用、免费电话服务、网络信息、记录保存、打印和邮寄费用；

·年度运营总费用（费用比率）——所有基金实际运营成本的总额，表示为基金全部年度运营费用的总和占基金平均净资产的比例。

为什么资本收益很容易出手

我常常被人问到的第二个问题是："如果为资本收益而投资有风险，那为什么资本收益会很容易出手呢？"我的回答是："兜售一个梦想确实很容易。"

富爸爸经常说："难题在于如何实现梦想。"

沃伦·巴菲特说过："不管真正的胜算有多么可怜，花一笔小额的入场费，却有可能得到巨额的奖金，这常常是刺激赌博嗜好的原因所在。这就是为什么拉斯维加斯赌场会用巨额的头奖大做广告，并且用大字标题声明彩票的巨额奖金。"

为何本书与众不同

本书之所以与众不同，乃是因为它将关注点主要放在了现金流的速度上。我从富爸爸那里学到的最重要的一课就是"不要让自己的钱很多年一直存在银行或养牛场"。我的钱有一项任务，那就是为我努力赚钱，从而获得更多的资产。

为了利用不同种类的资产加速资金周转，投资者需要理解并借助以下力量：

- 别人的钱（OPM：Other People's Money）
- 法人形式的选择
- 税法

随着本书的不断深入，这些话题将会一一被论述到。就是这些力量给你的钱带来了速度和保护。

为什么速度很重要

之所以钱的周转速度很重要，是因为如果钱不能快速周转，它反而会常常受到掠夺性税收的侵蚀，利用别人的钱举债经营的机会就会减少，而且会变成让贼惦记的目标。有些人让他们的钱滞留在退休金账户中很多年，而且这些钱在以很慢的速度周转。因此，他们会缴纳额外的税收，而且那些钱还会吸引到小偷和速度更快的短线投资者，并且容易受到市场力量的影响。

本书之所以与众不同，是因为它更多地讲述你的钱的周转速度，而不是你投资的资产。

更好地理解本书的寓意

为了理解本书其余的内容，你需要理解为现金流而投资不同于为资本收益而投资。

资本收益型投资者的思维与现金流型投资者的思维存在很大的差异性。牛场主和奶农都将他们的牛视为资产，不同点在于他们对牛的处置方式不同。

大多数人均为资本收益型投资者

我专门拿出很多时间探讨资本收益型投资者和现金流型投资者的不同还有另外一个原因，即大多数人是为资本收益而投资的。这正是投资顾问行业把大众培养成资本收益型投资者，这正是大多数投资者认为投资有风险的原因所在。

技巧还是幸运

虽然技巧非常好的资本收益型投资者人数众多，但多数资本收益型投资者却指望自己走运，而不是依赖技巧。然而，为现金流而投资不仅要求技巧娴熟，而且需要大量的理财知识。一旦有人开始为现金流而投资，他们很快就会发现大多数投资不会产生现金流，至少没有合适的价格。一旦有人开始寻求现金流，他们就开始发现多数投资是不良投资。

走进一位理财规划师的办公室，并且花自己的钱购买一项多样化的投资组合确实是一件很容易的事。购买一处房地产并且赔了钱也真的很容易。你不必是一位行家里手便可以创办一家企业，之后你再把它折腾到完蛋。投资者的真正技巧是获得能够产生现金流的资产，即将钱装进自己口袋的现金流，而不是把自己的钱从口袋里掏出来的现金流。

获得产生现金流的资产需要技巧，也要有一点幸运。虽然我喜欢好运气，不过我还是宁愿依赖我的理财技巧来为我未来的理财打保票。

提升你的运气

多数人认为自己是幸运的人，也就是说，在他们不走运之前是这样的。多数人倾向于相信"不走运的事只发生在别人身上，不会发生在我自己身上"。

虽然我也认为能够享受"生活"这个礼物很幸运，但在涉及我的理财安全和财务自由时，我却不敢指望运气。在本书第一部分的后续章节中，你不只会找到如何增加或保护现金流的方法，而且还会发现如何聪明地提升你的运气，而不是凭运气投资。当你从真正的顾问那里得到正确的建议时，你就开始变得聪明起来。

来自真正的理财顾问的正确建议

我正在观看一档电视节目，在舞台的表演区有一位妇女正在袒露她的心声，只听她说道："似乎我吸引的男人跟我不是一路。"男主持人得意地笑着说道："能吸引到男人是一种本事，但问题是你把电话号码给了跟自己不是同一类的男人。"

富爸爸说："仅仅因为某人有一张某大型理财公司的商业名片，且头衔一大堆，并不说明他就知道有关投资的任何事情。打电话找错了人，并给他留了自己的电话号码，做这种事的人太多了。"

本书的目的并不是要责怪那些把投资者的钱赔掉的人。与其责备涉及个人损失的某个人或某个团体，还不如为发生在我们身上的事情承担起个人的责任，从错误中吸取教训，并且从真正的顾问那里获得正确的建议。这正是在我投资共同基金之后，富爸爸帮我做的事。他把我带到了真正的顾问面前。但他也教导我："每个顾问都有其个人观点，你需要学会识别出哪一个建议是适合自己的。"

奉劝几句

多数人宁愿努力工作，把他们的钱交给一位基金经理打理，并且希望和祈求这位基金经理是一个精明的投资人。虽然我认识到：对于多数自己不愿意接受理财教育的投资者来说，这样做未尝不是正确的选择；但对于我来说，这样做不仅有风险，还非常地无趣，而且也无利可图。

在继续讲述之前，我愿意再贡献几句激励性的话。当我开始明白，我可能不会快速致富，而且我必须开始建造或购买资产时，我感受到了莫大的激励。因此，我知道此时此刻你们中那些正考虑着构建2～3类资产的人可能会跟我有同感，特别是当你们现在连一类资产也没有投资的时候更是如此。

我的赠言如下所述：就像花时间学习2～3种不同的游戏一样，要考虑建造或收购2～3类资产。例如，你能够自言自语地说："我要用10年的时间学习打网球、壁球和高尔夫。"即使你说话时并不擅长这些体育活动中的任何一项，但在10年里，你会把这3项运动玩得非常熟练。你会远远胜过你的朋友，尤其是如果他们从来没有用同样的10年时间练习过任何一项运动的话，他们肯定赢不了你。

金钱和投资也是如此。多年以来，我努力奋斗。10年之后，尽管我的得分还不够好，但我已经十分擅长这种比赛了。20年之后，我对这种比赛更加得心应手，我的得分证明了一切。换句话说，与我的一些朋友相比，当我们都年轻时，他们挣的钱比我多，而我现在赚的钱要比他们多。

如果你们当中有人感觉自己没有那么聪明，我也觉得自己不怎么聪明，然而，我会努力研究，慢慢地研究，而且我会把一些聪明的人聚拢在我的身边；如果你们有人害怕起步，我也害怕，但是，我找到了帮助我起步的朋友。

如果你读过我的书《富爸爸杠杆致富》，它开篇是描写我最好的朋友拉里(Larry)、金(Kim)和我坐在一间积雪覆盖的小木屋里，正在为我们下一个10年制订计划。10年之后，我们全都实现了财务自由。

正如富爸爸所言："如果你给自己足够的时间，一切皆有可能。"

对你有意义的事

许多人会说："你所推荐的东西有风险。"我的答复是："我不推荐。我只是解释富人为什么更富。"然后他们会说："嗯，你写的这些东西对多数人而言是可望而不可即的。"对于这种话，我的回答是："不是做不到，而是不大可能做到。我做到了，许多其他很富有的人也做到了。我认为到了个人决定自己能否做到的时候了。当我开始创业时，我认为自己不可能成功。我打拼了很多年，但到今天，我在一天之内赚的钱比许多人一生赚的钱还要多。事关个人的选择。我们的确生活在一个自由的国家。"

对你来说，什么才是有意义的事？我了解我所做的和我所写的并不是一条容易走的路。我之所以选择艰难的路，是因为容易走的路对我没有什么意义。对我来说，以下这些似乎没有什么意义：

· 找一份工作，成为一名雇员，为了我永远不会拥有也可能永远不会卖掉的东西而努力工作。而如果我停止工作，现金流也就断了。

· 在25岁时开始将我的钱投到一个养老金计划中，存在那里不动，直到65岁才会重新看到它。我需要让自己的钱不到5年就要回到我的手里，而且我想持有资产。我可不想为了重新得到我的钱而要将资产"宰杀"卖掉。

- 我不想将我的钱在"牲畜待宰栏"里放置40年，经受"牛仔"的劫掠、骗子的坑骗和市场震荡的折磨。此外，多数管理基金还要每年收取约1.5%的管理费，即便他们说不会收取也会照收不误。经过40年的复合增长，这些钱会积累成一大笔钱，不管你购买的基金是不是挣钱，结果都是一样。

无论什么，只要它对你有意义，常常就会决定你在生活中的选择。对我来说，有意义的事有这样几项：从真正的顾问那里获得正确的建议，而不是询问销售人员；开始构建自己的资产，并在资产之间铺设我自己的管道；让我的现金流增值，加快资金的周转速度。

本书的其余部分讲述了在我25岁时对我来说最终有意义的事。我希望我写的某些内容会对你和你的未来产生积极的意义。

第三章

询问你的信贷员

> "大多数人借助信贷员反而让自己更穷。要学会让信贷员帮你致富。"
>
> ——富爸爸

到底推销说辞和理财教育之间有什么区别？我一直想找到这个问题的答案。在我第一次探家时，富爸爸在上班的时间开车带我去了银行，并把我介绍给他喜欢的一位名叫吉姆（Jim）的信贷经理。在吉姆的办公桌前落座之后，我按照富爸爸的指示行事，询问这位信贷员会不会借钱给我，好让我为了退休而投资点共同基金。

当吉姆听到这个问题时微微一笑；他问富爸爸："你正在给这位年轻人上课，是不是？"

富爸爸点点头，说道："是的，我觉得这位年轻人最好直接从源头上找到答案。"

吉姆笑着转向我，问道："你打算用这些共同基金做什么呢？"

此时按照富爸爸教给我的那些回答恰是时候，我说："我想进行长期投资，然后持有这些基金，并且将其多样化。"

这位信贷员点点头，露齿一笑："我很高兴看到你这么早就开始了自己的投资生涯。"

我问道："这么说，你是要借给我钱了？"

"恐怕不行，"吉姆有礼貌地说，"根据政策规定，我们很少为共同基金贷款。如果你有工作，并且有良好的信用记录，我们或许会贷给你一点钱，然后你就能投资共同基金，或者你想干什么就干什么。"

我问道："如果我前来找你借钱投资房地产，你是不是在拒绝我之前，至少会看一眼这个投资呢？"

"是啊，我肯定是更倾向于考虑房地产这个投资。但我仍然会先查看一下你的个人理财状况和信用记录。先不管借贷人用这个钱干什么，我们有必要知道我们这个借贷人是谁。"

"那么，为什么房地产贷款会比共同基金贷款容易一些呢？"

"理由是多方面的。"吉姆说道。

我问道："是不是因为共同基金比房地产的风险要大？"

"这肯定是原因之一，"吉姆温和地说道，"但正如我刚才所说的，其他因素也需要考虑一下。"

我问道："既然贵行不愿借给我购买共同基金的钱，为什么还有那么多的人投资共同基金呢？"

"问得好，"吉姆笑了，"这个问题我应该问问自己，因为我也投资共同基金。"

我问道："你投资房地产吗？"

"不，我有自己的房子。不完全是，准确地说是银行拥有我的房子。但是我不在投资性房地产上投资。"

"为什么不做这种投资?"我心中充满困惑地问道,"如果你所在的这家银行借钱给你投资房地产而不是共同基金,为什么你不用银行给你的钱去投资房地产呢?"

吉姆现在显得慌乱起来,我能够判断出他习惯于向别人提问题而不是被别人提问。"你看,"他礼貌地说,"我还有其他的客户正在等着我。"他指着富爸爸对我说道,"你这位朋友拥有大量的投资性房地产,这些问题也许你应该问问他。"

"我会的,"我边说边点头,"我会问。"

富爸爸和我默默地走出银行,向汽车走去。我敢断定,我那"做一名更好的投资者"的课程正在有条不紊地进行。在关上车门时,我对富爸爸说:"他不是一个真正的投资者,对吧?"

"是的,他只是一个职业信贷员,可能终其一生就是一个信贷员。但是,即便他不是一个积极的投资者,作为一个信贷员,他却握着一把可以开启你理财教育之门的至关重要的钥匙。"富爸爸一边启动汽车一边跟我讲话,"如果你想成为一个富人和成功的投资者,你的理财教育就要从现在开始,那就是从一个信贷员的视角来理解投资世界。信贷员首先关心的是他们要借钱给谁。你注意到没,在他贷款给你之前,他想知道你是谁。他们不想把钱借给陌生人,你也不要这样做。"

没有免费的午餐

我们都没开口说话,默默地开车来到一家小咖啡店。因为距离吃午饭还为时尚早,所以这里的座位都空着。我们在柜台点了些三明治,然后在一个小桌旁坐下,继续我的理财教育。取出纸和笔后，富爸爸开始问我："我曾经多次跟你说过，有三种教育对你在现实生活中取得成功非常重要。还记得是哪三种教育吗？"

"这三种教育是大学教育、职业教育和理财教育。"

"非常好。"富爸爸说道，并将它们一一写在本子上。

1. 大学教育
2. 职业教育
3. 理财教育

他问道："现在，你正追求哪种教育？"

"职业教育，"我立刻答道，"在我修完4年的大学课程后，我会得到理学学士学位，还有一个可以上商船周游世界的三副资格证。"

富爸爸问道："他们教过你很多理财或投资方面的知识吗？"

我答道："还没。"

"他们给你讲过退休金计划的事情吗？"

"迄今为止，我所知道的是，当我们毕业后，会进入大型的航运公司工作，比如国家航运、美国航运或麦特森航运公司，这些公司会给我们提供退休基金。"

"老企业的福利思维。"富爸爸轻轻地说道，脸上带着他一贯固有的那种自鸣得意的笑容。

"你说什么？"我问道，因为我没有听清楚他刚才说的话。

"不用担心，"富爸爸微笑着说，"总有一天你会明白的。只是我的看法与今天很多人那种'照顾我'的心态相抵触。人们都期望一旦他们到了退休年龄，公司或政府会照顾他们，这种人太多了。这确实是一种'福利'心态。这些人经常说'我为你工作，那么你就必须关心我的长期福利'。但是，他们不叫它'福利'，而是叫做'应得权益'或'津贴'。我预计当你到了我这个年纪，由于有太多的人期待得到这种照顾，这个问题会在财力上压垮很多公司和政府。太多的公司和政府正在承诺他们将来可能无法兑现的空头支票。"

我问道："这个问题是如何开始的？"

"20世纪30年代，当时我还是一个年轻人，"富爸爸说，"一个联邦项目开始实施，我们现在称它为'社会保障计划'。即使当时我们身处大萧条时期，仍然有很多人认为有保证的政府退休金是一个不错的主意。也有很多其他的人认为这个主意不管用。不幸的是，如你所知，尽管社会保障制度将来有一天会极大地伤害到我们的经济，但它却是当今最普遍的政府项目之一。少数认为社会保障不管用的人奋力抗争，但结果是胳膊拧不过大腿。今天，社会保障和医保[①]这两个新项目正在变成政府福利的两只怪兽。当然，这一福利就是人们所熟知的'应得权益'或'津贴'。"

"为什么你要着重强调名称差异的重要性呢？福利、应得权益和津贴之间有很大的不同吗？"

"因为当这一项目被当成'福利'时，大多数有自尊心的人会拒不接受它。对大多数人来说，福利只是对穷人或无依无

[①] 美国社会保障计划由罗斯福政府在1934年提出，《1935年社会保障法案》正式确立。1965年，随着《1965年社会保障修正案》的出台，医疗保险被纳入社会保障之中。——编者注

靠的人提供的。但是，当同样的项目换一个名，并且被当作应得权益或津贴提供给大众时，大众会更愿意接受这个项目。这就是词汇的力量。它仍然是一种社会福利，只是冠以不同的名称而已。"

"所以，福利是给穷人准备的，而应得权益和津贴是给工作的中产阶级设计的。"

富爸爸只是点点头，说道："它也是给富人设计的。实际上，许多富人还有另外一种形式的福利，那就是公司福利。"

我摇摇头，表示这次谈话已经超出了我的理解力，我想回到自己能够理解的水平上，于是我问道："为什么你认为社会保障是一个馊主意？"

"回到20世纪30年代，许多人认为它是一个馊主意。他们在抗议时不断地喊道：'社会保障制度将会造就一个充满败家子的国家'。"

我问道："是这样吗？"

"依我看，会这样，"富爸爸说，"对于和我同时代的许多人来说，当我们从第二次世界大战中熬过来之后，我们再也不必过多地担忧退休储蓄问题。毕竟，我们现在有政府提供的养老金和社会保障，我们中还有很多人拥有企业退休金。所以，我们不用学习投资，也不必为自己退休之后的生活做准备，反而我们整个国家都在像没有明天一样过度地消费。从许多方面看，这是一个不错的主意，因为经济扩张，增长率惊人。然而，美国也确实变成了一个挥霍之国，开支正在被恶意地透支。成为一个拥有福利文化的国家并不是福利、应得权益和津贴造成的最大问题。"

我问道:"那比福利文化更糟的问题是什么?"

"它造就了这样一个国家,即这个国家中有大量的人口期待着政府或公司会关照他们。"

我问道:"这是一个馊主意吗?"

"每件事都有正反两方面。总有一些人希望能够吃上免费的午餐,而且指望其他人买单。不幸的是,期盼吃免费午餐的人数在不断增加。总有一天,或许在你有生之年,与你同时代的人将会不得不为所有的免费午餐付账,这些免费午餐是与我同时代的人今天所节省下来的。我肯定不愿意在2012年或以后竞选总统。"

我问他:"为什么是2012年?"

"因为那时你的同龄人开始退休,并且期待着吃上一块蛋糕,而这个蛋糕就是你们多年来缴纳的社保基金。"

我问道:"那又有什么错?"

"钱会用光的。所有这些会成为美国财政部的欠条。因为我们正在变成一个挥霍之国,我们将从世界上最富的国家衰落成世界上最大的债务国。因此,我猜测,你的同龄人会发现你们贡献的社保基金将要用完。你的确有权享有这些钱,但这些钱已经被其他人花光了。你是全额缴纳社保的第一代人,现在这笔钱被别人花光了,政府如何向你解释就将成为一个大问题。"

"那么这个问题该如何解决?"

"我刚才说过,"富爸爸得意地笑了,"这是对你们这一代人的挑战,不是针对我们这一代人的。"

服务生将我们点的三明治送上了餐桌，有关福利、债务和日益增长的财政紧张问题的对话也就此打住了。

信贷员的观点

当我们津津有味地嚼着三明治时，富爸爸开始进一步向我解释他关于投资者教育的观念。"让我告诉你，信贷员的思维和共同基金销售人员的思维有什么不同。"

我答道："好啊。"

"首先，"富爸爸说，"我来给你解释理财教育涉及什么内容。"

他把本子向我这边移动了一点，让本子离我更近，并开始在上面写道：

1. 挣钱或创造
2. 管理
3. 利用财务杠杆
4. 保护
5. 退出

富爸爸抬起头，看着我说道："大多数人上学是为了学习挣钱或创造财富，问题是他们的教育止于何处。"

富爸爸又把本子转向他，然后在上面写了以下内容：

大学或职业教育	理财教育
1. 挣钱或创造财富	1. 挣钱或创造财富
	2. 管理
	3. 利用财务杠杆
	4. 保护
	5. 退出

富爸爸指着"挣钱或创造财富"这一项说:"目前你在学校接受职业教育。你正在学习如何做一名高级船员,这是一个工资很高的职业。"

我点点头说:"确实是现在薪水最高的职业之一。问题是,工作机会越来越少了。"

富爸爸继续说:"如果你想致富,而且准备跳进波涛汹涌的、你的同龄人正在前往的理财市场,你需要接受以下领域的理财教育。"

富爸爸指着"管理"那个条目说:"大多数人通过工作挣钱,但不管他们挣多少钱,日子还是不好过,仅仅是因为他们从来没有学过恰当地管理他们的金钱。许多人在挣钱时聪明,但在花钱时却很笨。你明白我的意思吗?"

"是的,我明白,"我答道,伸手去拿富爸爸面前的本子,"这就是为什么你花很多时间教迈克和我如何阅读财务报表,并且区分资产与负债、收入与支出。"我一边说,一边画出下面这幅图:

利润表

收入
支出

资产负债表

资产	负债

"当我上高中的时候，我记得你曾经对我说过，'我的信贷员从来不看我在学校的成绩单，只想看我的财务报表。信贷员并不关心我的学习成绩，或者我读的是什么学校，只想看看我在处理自己的金钱上有多么聪明，以及我把自己的钱打理得有多么好。'"

财务杠杆的力量

"很棒。"富爸爸边说边把他的本子拿了回去。他指着"利用财务杠杆"这个词说道："对你的钱加以管理之后，你下一步的理财教育就是学习如何将你的钱用作财务杠杆。"

"你是说，我需要学习如何让我的钱生钱，让我的钱比我自己还要努力地赚钱？"

"不只是你的钱。你也要想到让你的信贷员为你努力挣钱。"

"你是要我用我的信贷员的钱投资吗?"

富爸爸点点头,说道:"有很多人把他们的钱管理得很好,但他们还是没有变得很富,原因很简单,他们从来没有学会借助财务杠杆的力量致富。多数人通过存钱的方式把自己的钱用作财务杠杆来投资,或者竭力变成无债一身轻。然而,这些都是简单的财务杠杆形式,并不是真正高效的财务杠杆。"

"你带我去见你的信贷员,就是因为信贷员可以提供强有力的财务杠杆吗?"

富爸爸再次点点头,继续说道:"当你投资共同基金时,你用的是谁的钱?"

"我投资的是自己的钱。"

"如果你真想理解如何利用财务杠杆投资,你需要学习如何利用别人的钱投资,比如你的信贷员这样的其他人。"

"但是,你的信贷员说他不会借钱给我让我用来投资共同基金。"

"这就是为什么我想让你跟他交谈的理由。如果你想变成一个杰出的投资者,你需要从一位信贷员的视角看世界。你有没有问过你的共同基金销售经理,他是否愿意借钱给你,让你投资他正想卖给你的共同基金呢?"

"没有,我没有问过。"

"职业投资者总是在寻找某种形式的财务杠杆。一种财务杠杆就是利用'OPM',就是利用别人的钱。这就是我想让你通过信贷员的眼睛看世界的原因。在如何评价风险和投资回报方面,信贷员掌握着大量的信息。多数人只是去银行存款，或者为他们的房贷或消费贷款借一点钱。极少有人向信贷员询问如何将银行的钱用作财务杠杆，让自己致富。"

"这就是为什么你说我需要知道'有利的债'和'无益的债'之间的差异。大多数人去见信贷员只是为了借无益的债，而这种债会让他们变得更穷。"

富爸爸问道："你弄明白财务杠杆和投资的重要性了吗？"

我点点头，深吸一口气，回头看看他写在本子上的提纲。多年以来，这种话我听得太多了。我观察他与信贷员打交道，发现他总能借到大笔的钱。现在我长大了，这些课程具有了新的意义，对我产生了更大的冲击。"所以，人们之所以生活拮据，第一个原因是他们对钱财管理不当，第二个原因是他们未能将他们的钱财用作财务杠杆。"

富爸爸点头同意，他说道："仅仅就是通过这两步，当其他人辛苦工作却日子不好过时，富人开始真正地变富。这就是我为什么想让你继续学习更多管理钱财和变钱财为杠杆的知识。实际上每一步都是一个学习过程。"

我问道："我如何才能更多地继续学习这两步呢？"

"从你的信贷员那里学，找一个想帮助你的信贷员，"富爸爸笑着说，"你认为我从哪里学呢？随着你年龄的增长，你要把自己与信贷员之间的交谈变成一种习惯。带他们去吃午饭，征求他们的意见，弄清他们是怎么想的，他们认为什么是重要的，为什么他们会同意某些人的贷款申请，以及为什么他们会拒绝另外一些人。你所有的花费就是不时地请他们吃一顿午饭。偶尔吃一顿饭的开支可要比你接受大学教育的费用便宜多了。"

保　护

　　此时此刻，我能做的只有点头。很多年来，我都看到富爸爸邀请他的信贷员和其他顾问一起共进午餐。我记得，在就餐时他会问他们问题，并且留心他的顾问有多大的意愿和他分享他们的智慧。虽然富爸爸没有接受过正规的教育，但他从来没有停止过接受教育。富爸爸的身边总是有一些不同职业的聪明人，而且他常常是多听少说。他经常跟他们坦白他的理财问题或质疑，并就如何解决这些问题征求他们的意见。他就是这样学习和获得知识的，也是这样在理财上领先其他人的。他把午餐当成一种变得聪明和富有的手段。我又上了一次理财课。

　　"保护又当怎么讲？"我问道，手指向本子"保护"这个词。

　　"这是一个很大的话题，"富爸爸答道，"不过我会尽可能简单地说明问题。没有保险你会开车吗？"

　　我摇摇头说："不开。"

　　"没有保险你会购买一套房子吗？"

　　我再次摇摇头说："不会，除非我是个傻瓜。"

　　"那么，为什么这么多人做没有保险的投资呢？"富爸爸问道。

　　"我不知道，"我答道，"我不认为你会为了投资而购买保险。"

　　"不，你会的，"富爸爸说，"职业投资者会做带保险的投资，而业余投资者不这样。这就是为什么业余投资者会说投资有风险了。你的共同基金销售员会为你提供共同基金的保险吗？"

　　"不提供。"我答道。

"除了告诉你'购买、持有并且多样化'之外，他告诉过你股市有涨也有跌吗？"

"没有。他只是说股市每年平均上涨9个百分点。"

"他愿意保证这一点吗？"

"我不知道。我没问过。他怎会向我保证9%的回报呢？"

富爸爸面带厌恶的表情，只是摇头。"现在你理解为什么我说你是基于推销说辞而不是基于正确的理财教育而做出投资决定了吗？"

我弱弱地说："我开始明白了。"想了一会儿后，我犹犹豫豫地问道："你的意思是说职业投资者做的是有保险的投资？"

"要是问那个信贷员吉姆的话，这可是一个大问题。"富爸爸说道，"问他会不会没有保险就贷款给你，比如不动产抵押贷款保险、产权保险、火灾保险等。"

"这就是你需要用信贷员的视角来看待投资世界的原因。信贷员常常倾向于过于谨慎，但这就是他们的工作。毕竟，他们的工作就是保护银行的钱。这就是为什么他们会要求你出具财务报表、信用报告、工作履历和工资证明。他们不会像你那样将他们的钱交给陌生人。他们想知道你是谁，你在理财上有多么精明。他们不关心你的分数，或者你就读什么学校，只想看你的财务报表，这是你的财务成绩单。他们想知道你在理财上是否精明，以及你是不是真的这么精明。这就是为什么你需要开始保存准确和整洁的财务记录。大多数人通常不这样做，这就是他们日子艰难的另外一个原因。"

"不管他们如何对你充满信心，他们仍然会要求有保险证明或者防备风险的保护措施。如果你要成为一个职业投资者，你也应当做同样的事情。这就是为什么我首先带你去见信贷员。在如何玩转赚钱游戏及如何真正地搞投资方面，你的信贷员是你最好的老师之一，而不是那个只卖给你共同基金的理财顾问。你的信贷员不会借钱给你去买共同基金的。"

富爸爸已经表达了自己的观点。现在他只是坐在那里，默默地咧着嘴笑。

"好吧，"我最后说道，"我正在领悟你说的这些话。"

富爸爸依然笑着对我说道："很多人认为投资有风险，原因之一就是他们对资产保护一无所知。职业投资者需要学习如何保护他们的投资，使之免受掠夺性税收和掠夺性诉讼的侵蚀，避免受到市场涨跌、灾害和经济周期的影响。"

"你的意思是说，你不只是购买、持有和祈祷？"我用讽刺的口吻多说了一句话。

"是的，"富爸爸笑了，"对一位职业投资者来说，保险和保护是非常重要的事情。如果你不能保护资产，你就不应该购买它。我不是说过吗，没有保险你不会开车，没有保险你不会买房，没有保险你就应该永远不要投资。"

每一个主题都有很多东西要学，这让我感到沮丧，我说："让我们转移话题，谈谈'退出'吧。"

退　出

"除了购买、持有和祈祷外，你的退出策略是什么？"富爸爸问道，"最终你为什么会购买那只共同基金？难道你没有想好退出策略？"

"还真的没有，"我不好意思地说，"我只是在文件上签完字，然后就回去学习了。"

"我理解，"富爸爸说，"对于职业投资者来说，'退出'是一个非常重要的研究领域。大多数业余投资者只知道购买，但不考虑'退出'的事。因为他们对'退出'之事知之甚少，所以'做长期投资'这种话令他们感到安慰。它阻碍了人们思考未来或展望未来，而对多数人来说，放眼未来的确难以做到。大多数人只是活在当下，心里想的只有今天而没有明天。终有一天他们会突然清醒过来，却已经年过50，他们开始领悟到老天爷给他们剩下的日子已经屈指可数了。这时你就会听到他们说'要是我早点做就好了'。"

意识到所剩时间不多，而且午饭已经结束，我必须要求富爸爸加快上课速度。于是我问道："能给我举一个'退出'的例子吗？"

"当然可以，"富爸爸说，"如果我将投资卖出，并且以某种方式退出，我要纳税。如果我用另外一种方式卖出，我就什么税也不用交。这就是众多退出方式中的一种。你的共同基金销售经理在卖给你共同基金之前跟你讨论过不同的退出策略吗？"

"没有。他只是说要不断地把钱存进账户，看着账户升值就是了。"

"所以，他拿走你的支票，从来也不跟你谈论'退出''保护''利用财务杠杆'或'管理'这些方面。"

"就算他这么说了，我也记不住。"

差异

说到这里,富爸爸拿出钱包,在女招待出示账单后,他把钱付给了她。在起身离开之前,他抓起本子,写下了以下词语:

销售人员	投资者/信贷员
1. 挣钱	1. 挣钱
	2. 管理
	3. 利用财务杠杆
	4. 保护
	5. 退出

"当你前去找销售经理咨询投资建议时,他们多数人只想知道你能付得起多少钱。不管他们卖的是共同基金、房地产还是新车,都是如此。这就是我在销售人员那一栏'挣钱'的词条下什么都没写的原因。但是,职业投资者和信贷员这些人需要知道得更多。这就是在'投资者/信贷员'那一栏的'挣钱'词条下我为什么要写下'管理、利用财务杠杆、保护和退出'了。职业投资者和信贷员会关心你的理财知识、你正在使用多少财务杠杆、你的保护策略和退出策略是什么。你的销售员朋友告诉你的无非是'购买、持有和多样化'。从长期来看,即便你按照销售员的建议做了很多年,你又能从中学到多少东西呢?"

"如果你所做的一切就是将你的钱交给陌生人,之后按照他们告诉你的去做,也就是在很多年里购买、持有、祈祷并且舔一下邮票贴到信封上的话,你在这一过程中会变成哪种类型的投资者呢?"

我无需多言。我只是静静地坐在那里,默默地思考着。

两份工作

富爸爸站起来,向停车场走去。他转向我说道:"如果你想要在现实世界中取得成功,你们这一代人需要学习更多大学教育和职业教育之外的东西。你们未来会面对一段非常艰难的金融时代,可能比我们这一代人经历的大萧条还要艰难。你将发现你现在上的军事院校虽然享有声望,却不会给你提供任何的理财教育。你必须自己寻求理财教育,而这种教育是从这里开始的,那就是你要通过一个职业信贷员的视角来看待这个金钱世界。你也看出来了,信贷员不一定就是杰出的投资者,但他们一定知道如何区分基金经理水平的高低,而且总是要求借贷人提供担保和保险。你也应该这样做。"

我紧随在富爸爸的身后说道:"看来我需要对众多不同的职业略知一二了。"

"你不必学会这些职业,"富爸爸说道,"但你必须有朋友在你所需的职业中是专家。这就是为什么你的朋友是谁和你跟谁去吃午饭非常重要的原因。大多数人只和同一种职业的人交往,物以类聚,人以群分。你知道我经常与我的信贷员、会计、律师、理财规划师、保险经纪人、房地产经纪人和股票经纪人一起吃饭,我所做的只不过是为这顿饭结账,却获得了世界上最好的理财教育。这才是真正理财世界的教育,而不是大学里财经领域的教育。"

富爸爸走到停车的地方，等坐到驾驶座位上后，说道："你们这一代人及接下来的几代人至少要有两份工作，一份是你们要做的工作，一份是你们的钱要做的工作。等老了以后，你们会想让你们的钱比你们自己还要卖命地工作。我的职业是企业家，而我的钱的职业是房地产，这里就是我保存我的钱的地方，也是把我的钱用作财务杠杆的地方，而且这个地方还比较安全。我的钱和我信贷员的钱非常安全，因为是我在照管它，而不是某个陌生人。"

"两份工作？"我说话的声调把我满腹的困惑都表现出来了。我默默地说："我现在获得第一份工作都够麻烦的。"

富爸爸一边发动汽车一边点头，他说道："我们这一代人已经将福利思想传递给下一代了，只是今天人们称福利为'津贴'或'应得权益'而已。许多人真的以为这世界上有免费的午餐，而且有朝一日他们退休之后，会有其他人为他们的福利负责。问题在于，在这个国家有不计其数的人都是这样想的，而且这一人数仍在不断增加。你们这一代是已经有人在为免费午餐付账的一代，其实并不是真的免费。这就是我建议你不要步我们这代人的后尘之道理所在。不要期待着有人会关照你，给你稳定的工作、养老金、医疗福利、社会保障等。这些应得权益和津贴过于昂贵。

"很快公司和政府就会负担不起这些福利了。所以要学会自己照顾自己。我预计等你们这代人到了退休年龄，美国经济会遇到瓶颈。只有当它真正发生的时候，你们这代人才会问'谁掏走了我的钱？'这就是你为什么需要两份工作，一份由你来做，一份让你的钱来做。"

做更好的投资者

富爸爸和我握握手，独自驱车离开了。我挥手道别，回到自己的车上。"自己照顾自己而不是依赖某个公司或政府"这种思想很容易接受。我并不想依赖任何人或任何组织，任何方式都不愿意。真正打动我内心的是这种投资与投资关系不大。富爸爸并没有表示喜欢或排斥投资何种资产。他坚定不移要做的事就是让我学习做一个更好的投资者。在他看来，做一个更好的投资者远比我投资哪类资产要重要得多。

我开始体会到最好的投资是学习如何成为一个更好的投资者，而这种教育要从我的信贷员那里开始。为什么从我的信贷员开始？因为如果我要用信贷员的钱去投资，我需要成为一个研究"资金管理、利用财务杠杆、保护和退出"的学生，这是接受理财教育的基础所在。

第四章

询问你的保险经纪人

"大多数人认为投资有风险。不是投资有风险,而是没有保险的投资有风险。"

——富爸爸

1966年的暑假即将结束,我大概有两周没有看到富爸爸了,于是我打电话给他,因为我想继续我的理财教育。

"行啊,"他说道,"在主教大街等我。我带你跟我的保险经纪人去吃饭,反正我也要跟他见面的,你不妨一起去。"

这次的会面地点是一家位于商业区颇为讲究的檀香山饭店,这里是商人时常光顾的地方,也是达成交易或不欢而散的地方。见面后,富爸爸跟我边握手边说:"我想让你见见丹(Dan),我所有资产的保险都由丹处理。"

丹个子很高,衣着漂亮,相貌堂堂,比富爸爸略微年长。"见到你很高兴。"他站起来跟我握手。

富爸爸说道:"罗伯特在纽约读书,现在在家休暑假。我正在帮他学习理财。"

"好事啊,"丹说道,"越早了解金钱越好。你正在教他什么?"

"嗯,今天不是我要教他,而是由你来教他,"富爸爸笑着说,"这就是我今天为什么要跟你俩吃饭的原因。"

丹问道:"那你想让我教他什么?"

"对新手来说,保险职业的第一条原则是什么?"

丹咯咯地笑了,"好吧,那就让我们从这里开始。"他略做停顿,集中精力,说道:"保险的第一原则是'你不能在需要时才买保险'。"

我傻乎乎地问了一句:"那什么时候买?"

"在你需要之前。"富爸爸和丹齐声说道,两人不禁大笑起来。

丹从这一点展开,继续说道:"我其实不应该笑,因为这个话题其实很沉重的。你知道有多少人是在他们需要我之后才找我吗?比如说,在你出车祸之后就很难购买汽车保险,在大楼烧毁之后就很难购买财产保险。遗憾的是,大多数情况下,当一个人确实需要保险的时候,我却帮不了他们。"

"所以,你会在需要之前购买保险?"

"是的,"丹说道,"在你需要它之前。"

富爸爸随后说:"如果你想成为一个好的投资者,不管你投资什么,你需要了解保险,或者说尽量让自己免受损失。当你有了保险的时候,投资的风险就会大大降低。"

我问道:"那么,说投资有风险的人常常是不买保险的人啦?"

"正确,"富爸爸继续说道,"跟原来我们探讨过的那样,许多人把他们的钱交给了完全陌生的人,因为他们相信'做长期投资,购买,持有,祈祷并且多样化'这种推销说辞。当大祸临头时，他们就会赔钱，而大的变故总是会发生。然后，他们就会寻找保险公司投保，这可就不只是风险的事了，简直是荒唐可笑。"

丹只是坐在那里点头。这一次他没有微笑，实际上他当时的脸色非常严峻。

我问丹："你会为共同基金投保吗？"

"不会。"丹说道。

"你会为股票和债券投保吗？"

丹还是说"不会。"

"那你会给什么投保？"

"我会在企业和投资领域给人上保险，尤其是像你富爸爸这样的关键人物。"

"什么是关键人物？"我问道。

"这个人是企业管理团队中至关重要的人。如果这个关键人物被保险，一旦他有什么事情发生，他的企业也会有资金雇用一个替代他的人。除了为'关键人物上保险'外，还有很多其他类型的保险，如人寿保险和人身意外保险，都是以人为标的的保险。"

"除此之外，你还做什么保险？"

"我们做房地产保险和其他形式的财产保险，比如车、船、飞机和设备等。"

"但是，你却不为共同基金和股票上保险？"

"是的，"丹说道，"也许有人会做，但我不知道谁会做这种事。当人们问及此事时，我所告诉他们的，就和我现在告诉你的一样。"

我问道："为什么你不给共同基金投保？"

"因为它们风险太大,"丹说道,"我刚才说过,有人会为你的股票、债券和共同基金保险,以避免遭受市场损失。只是我不知道他们是谁。这些人可以为任何东西上保险,只要你肯花钱。"

"所以你不为养老金投保?"

"是的。但如果你想为养老金投保,我会调查一下。或许真有一家公司在做这件事。我想它的保费可能会相当高。"

我转向富爸爸说道:"这么说你的企业和房地产投资已经入了'巨灾保险'了?"

"对啊,"富爸爸说道。

"但是我的共同基金却不能入。"

丹和富爸爸都点点头。

我问道:"因此,一个聪明的投资者需要在损失发生之前想到保险,或者要防备出现损失。这就是我要上的课?"

丹和富爸爸再次点点头。

毫无保障的投资者

那么,为什么几百万投资者会赔进去几十亿美元呢?简单说来,这是因为大多数投资者没有上任何防止巨灾损失的保险。这几十亿美元就是代价,这也是听从投资推销人员的建议而不是听取真正投资者的建议所付出的代价。

有些投资者会有保险吗?绝对有。在职业投资者的圈子里,他们会说一些术语,比如"有保障的"(covered)。当投资者说他们的投资处境是"有保障的"或"套期保值"[①]时,他们的意思是说,他们能够使投资免受行情变化的影响。如果他们说投资是"无保障的"(naked),这意味着他们的投资没有保障。职业投资者非常清楚他们的投资何时没有保障。就像信贷员一样,当借钱给你投资房地产时,他们会要求你购买多种保险,股票市场上的职业投资者也会坚持要求为自己的投资上保险。从而得出的教训就是:职业投资者是有保障的,而业余投资者是无保障的。

开始"捕杀女巫"

正如富爸爸的保险经纪人丹说的那样:"你不能在需要时才购买保险。"在股市崩盘之后,很多投资者意识到他们没有购买可以防御市场暴跌的保险,他们会责怪他人,或者大发脾气,而不是说"我要是有保险就好了"。

历史上,每当市场崩溃之后,总会有一些很明显是骗子的人浮出水面,此时愤怒的投资者则是到处寻找出气筒,就像中世纪的人们把瘟疫泛滥怪罪到女巫身上一样。若是退回到20世纪80年代晚期,投资者就会声讨德崇证券的垃圾债券王——迈克尔·米尔肯(Michael Milken)。当储蓄和贷款公司开始破产时,他们也会声讨像查尔斯·基廷(Charles Keating)这样的房地产开发商。

几年之后,人们不再"捕杀"经营债券和房地产的"女巫",他们开始"捕杀"经营证券和共同基金的"女巫",连同一帮首

---

① 套期保值是指把期货市场当作转移价格风险的场所,利用期货合约作为将来在现货市场上买卖商品的临时替代物,对其现在买进准备以后售出商品或对将来需要买进商品的价格进行保险的交易活动。——编者注

席执行官一起口诛笔伐，比如安然公司①、世通公司②、环球电讯③的总经理，同时也没有放过其他在安达信④这样的会计师事务所帮助下做假账的企业。这些世界著名的投资公司与证券监管机构达成单独和解，赔偿总额为14亿美元，这些投资公司包括美林⑤、所罗门美邦公司⑥、高盛⑦、瑞士瑞信银行⑧、德意志银行⑨、摩

---

① 安然公司，原是世界上最大的综合性天然气和电力公司之一。
——编者注

② 世通公司，一度是美国第二大长途电话公司，已于2003年破产。
——编者注

③ 环球电讯，美国第一家国营的全球数据通信公司和网络服务公司。
——编者注

④ 安达信，原国际五大会计师事务所之一，2002年因"安然事件"而倒闭。——编者注

⑤ 美林，世界领先的财务管理和顾问公司之一。——编者注

⑥ 所罗门美邦系一家世界性的投资银行大企业，在企业特许权以及各种主要产品类别方面都拥有顶级的实力，现已不存在，业务已被拆分为日兴所罗门美邦和花旗环球金融有限公司。——编者注

⑦ 高盛，一家国际领先的投资银行和证券公司，全世界历史最悠久规模最大的投资银行之一。——编者注

⑧ 瑞士瑞信银行，原名为瑞士信贷，是全球第五大财团。——编者注

⑨ 德意志银行，德国最大的银行和世界上最主要的金融机构之一。
——编者注

根士丹利①、摩根大通②、雷曼兄弟③、瑞银华宝④和贝尔斯登⑤。有些人被送进了监狱，比如英克隆公司的 CEO 萨姆·瓦克萨（Sam Waksal），其他人则丧失了他们的职位，比如安然公司总裁肯尼思·莱（Kenneth Lay）和世通公司 CEO 伯尼·埃伯斯（Bernie Ebbers）。

共同基金继续接受涉嫌欺诈活动的深入调查。证券监管机构正在对一些大型投资公司的内幕交易进行详细的检查。愤怒的投资者仍然要寻找其他可以谴责的人。

在谈到理解内幕交易的时候，我推荐阿瑟·莱维特（Arthur Levitt）的书《散户至上》(Take on the Street)。有些人可能并不知道阿瑟·莱维特是谁，在克林顿担任总统期间，他担任了 8 年证券交易委员会的主席。在他的书中，莱维特先生解释了华尔街是如何真正地发挥作用的，以及为什么散户投资者在股票市场上赢利的机会微乎其微。他还详细地解释了以下内容：

---

① 摩根士丹利，是一家全球领先的国际性金融服务公司，业务范围涵盖投资银行、证券、投资管理以及财富管理等。——编者注

② 摩根大通，全球历史最长、规模最大的金融服务集团之一，被认为是美国目前按资产计算的最大银行，也是盈利能力最强的银行，也是公认最稳健的银行。——编者注

③ 雷曼兄弟，曾经为全球公司、机构、政府和投资者的金融需求提供服务的一家全方位、多元化投资银行，已于 2008 年申请破产保护。——编者注

④ 瑞银华宝，世界知名的投资银行，是瑞士银行集团（USB）三大支柱之一。——编者注

⑤ 贝尔斯登，全球 500 强企业之一，全球领先的金融服务公司，原美国华尔街第五大投资银行。——编者注

- 合法和非法内幕交易的真实运作情况。
- 他是如何为阻止内幕交易而和某些人或机构做斗争的。
- 跟他斗的人有在位的政要人物、银行家、经纪公司总裁、共同基金和养老基金等大型金融机构,当然还有大型的会计公司。他能够如实地点出一些人的名字,我认为勇气可嘉,因为这些人仍然躲在幕后进行操纵,赚了很多的钱,却从来不会受到任何罪行的指控。
- 共同基金公司撒的弥天大谎,他称之为"他们的肮脏小谎"。
- 散户投资者如何打败从内部操控投资游戏的大投资者。

关键在于,如果你打算投资股市和共同基金,阿瑟·莱维特的书是必须要读的。把你的钱天真地交到很富有的陌生人手里,而且不知道他们拿你的钱去干什么,这是很愚蠢的行为。在《华尔街》(*Wall Street*)这部电影中,迈克尔·道格拉斯(Michael Douglas)扮演戈登·盖柯(Gordon Gekko)这个角色时,有些台词说得最棒,比如:"如果你不在内部,你就在外部。"读阿瑟·莱维特的书可以一窥内幕,了解内部的黑暗面。

在我看来,莱维特的书中令我最感兴趣的章节是他为了让《公平披露法规》纳入法律所进行的斗争。从根本上讲,所谓的"公平披露法规"就是要阻止内幕消息与富人和有权势之人的交易。我之所以发现其有趣,原因在于许多已经富裕、成功和有影响的人并不想让大众知道股票市场的内部到底是如何运转的。简单地说,许多富人和名人要比散户投资者提前很长时间就已得到内幕消息。换句话说，没有公平披露，这意味着内幕交易对富人和有权势之人来说是合法的。散户投资者从来没有真正地拥有一个公平的赚钱机会。如果他们赚钱了，也只能是在富人和有权势之人后面喝点汤。

当股市开始崩溃的时候，大投资者就会撤离，同时他们会通过理财顾问和财经记者的网络告诉散户们，一定要留在市场里，做长期投资，并且购买更多的股票。换句话说，散户投资者被人引导着购买了富人和有权势之人正在抛售的股票。虽然它未必是非法的，但在我看来，这就是欺骗，缺乏职业道德，而且道德败坏。

经过斗争，《公平披露法规》最终于2000年10月23日获得批准，并形成法律。你可能注意到了这个日期恰好就是2000年股市崩盘的起始之日。股市泡沫破灭的原因有很多，但股市暴跌得如此猛烈，其中一个原因却鲜为人知，因为内部知情人不可能再获得新的内幕消息，也不可能阻止小投资者获得已经公开的内幕消息，因此，就在大投资者集体抛售的同时，小投资者却被告知要"购买、持有和多样化"。

谁是真正的内幕知情者

我受邀前往亚利桑那州凤凰城的凤凰乡村俱乐部听前证券交易委员会主席莱维特的演讲。那天有200人受邀参加，每个人都可获赠一本有他亲笔签名的书。也许是因为我已经读过他的书，或者是因为我正在亲耳聆听他的演讲，总之，他所传达出来的信息对我产生了更加强烈的冲击。随着他的演讲，我渐渐明白了，许多暗中布局、讨富人欢心的内幕知情者并非像电影《华尔街》中戈登·盖柯那样光鲜亮丽的角色,很多内幕知情者都是职场上的无名之辈,我们往往信任他们,从来没有猜想过他们首先在为富人和有权势之人卖命,并且满足他们的愿望。

演讲期间,莱维特先生说道:"正是大型会计师事务所继续在为规则的改变展开博弈,而这种改变会使得市场对散户投资者更加公平。"换句话说,大型会计师事务所正在为大公司效力,而不是为散户投资者工作。许多人认为律师是不公平的,从没想过会计也是不公平的。

我发觉莱维特先生非常有勇气,他在书中点出了很多人的真实姓名,包括民主党人和共和党人,也包括他以前的朋友和商业伙伴。他明确地指出自己信任的人却与富人穿一条裤子,同时还指出了谁会站在小股民的一边。

保险不只一种

市场上存在着不只一种与投资有关的保险,既有人寿保险,也有财产保险,还有抵御市场周期波动的保险,以及防止失误、疏忽和诉讼的保险。富爸爸想让我受到的教育是"职业投资者永远会考虑保护"。当你把自己的钱交给理财专家时,要问一个非常重要的问题:"我的钱的安全性如何?"职业投资者不会仅仅"做长期投资,购买、持有、多样化,并且祈祷上苍保佑"。

富人也会把"企业法人"当成一种保险形式。让我的穷爸爸感到非常骄傲的是,他的房子、汽车和其他财产都注册在他个人名下。与此相反的是,我的富爸爸却以法人实体的名义持有其大多数有价资产,这些法人实体有公司、信托和有限合伙①。因为我们生活在一个爱打官司的社会,他想尽可能少地拥有个人资产。对我的富爸爸来说,企业法人是一种保险。当今社会还有更多形式的法人实体可以利用,不同的法人形式适用于不同类型的资产。

两种保险

在本书的后半部分,我将探讨投资者应当考虑的不同保险形式。但是现在,我只是指出保险的两种分类。

1. 你可以直接购买的保险

当我购买一处商用房地产时,很容易就能获得财产保险。我只需付款就是了。买车险或人寿保险与此相同。我不必费太多心思就能找到一位好的保险经纪人,并且从他那购买到适合的险种。

2. 你必须学习才能获得的保险

对于一个职业投资者来说,选择合适的法人实体非常重要。为了确保他们自己的投资得到最大的保护,他们要从律师和税务顾问等专家那里寻求建议。

此类保险存在的问题是:你确实必须花时间学习如何利用

---

① 有限合伙是指由资金的所有者向经营者提供资金,投资者按约定获取利润的一部分,但不承担超过出资之外的亏损。如果经营者不存在个人过错,投资者亦不得要求经营者对其投资损失承担赔偿责任。——编者注

它,或者为你的团队找到具有相关专业知识的合适成员。

我也把"知识产权"用作另外一种形式的保险。它可以保护未经我的允许其他人不得使用的我的著作和我开发的产品。我们拥有很多版权、商标和专利等可以保护我们智力资产的知识产权。

在投资股市时,我也必须学习如何选择和使用保险。例如,我需要学习如何使用看涨期权或看跌期权。期权不仅是一种保险形式,它们也是一种财务杠杆形式。

因为大多数人不想花时间学习如何交易期权、期货合约或其他形式的股市保险,多数人认为投资房地产更为安全,至少涉及保险保护时是这样的。

开办一个 B 象限的企业

想花时间创立一家 B 象限企业的人少之又少。然而,如果你采用正确的企业形式,设立并且拥有一家 B 象限的企业,而且取得了成功,它就能够给你带来世界上最有效的财务杠杆和最大的保护。如果你有兴趣开创属于自己的 B 象限企业,我建议你继续做好现在的工作,从兼职做一个 B 象限企业开始入手。如果这听起来像是你喜欢做的事,我建议你调查一下网络营销公司。我推荐网络营销的理由是因为某些网络营销公司会在你真正成为 B 象限企业家之前提供良好的培训计划。

我写过一本名为《富爸爸 21 世纪的生意》(*The Business of the 21st Century*)的书。它会让你透彻地了解创办一家 B 象限网络营销公司的其他好处。

如果我不想学习或不想建立一家企业，又该怎么办

如果你不想学习保险这种职业投资者所使用的防范风险的技巧，而且你也不想建立一家 B 象限企业，不用发愁。请只管往下阅读，你就会发现你能做什么，以及哪种投资是最适合你的。投资的方式有很多，也有很多投资对象值得我们投资。我只是从我知道的财务杠杆效率最高和保护性最强的投资项目开始讲起。

花时间学习如何建立一家 B 象限企业是我认为的最好的投资项目之一。我并不向所有人推荐它，不过，拥有属于自己的企业毕竟是一种最佳的投资。

好消息

不管你做什么决定，本章的教育意义在于：在谈及资产保护时，职业投资者都是具有前瞻性的。永远要记住保险的第一规则："你不能在需要时才购买保险。"损失了几十亿美元的几百万投资者非常需要保险，可惜他们没有提前购买。

第五章

询问税务员

"税法是为企业主和投资者而制定的。"

——富爸爸

在你赚到了钱或创造了财富之后,你开始管理、利用和保护你的钱,这其中有一项最重要的事情要做,那就是领会税法,以充分利用税收减免和纳税延迟这些税收优惠政策,它们是你收入的加速器,有助于你的现金流的流动和增加。

税法之下我们并非生而平等。税收是我们最大的一个单项开支,而雇员可获得的合法免税是数量最少的。或许你听说过每年5月中旬的纳税人自由日,它的意思是说你从1月1日直到5月中旬挣到的所有的钱要用来支付你当年的个人所得税,之后你才开始为自己赚取收入。因为公司老板创造了就业岗位,所以政府在税收方面给予他们很多激励,但并不是针对雇员的政策。在你分析现金流象限时,不同象限的人在税法上的差异会变得更加清晰。

如果你不是很熟悉"现金流象限",可以阅读《富爸爸财务自由之路》(*Rich Dad's CASHFLOW Quadrant*),这本书对它做了详细介绍,对于任何想在有生之年寻求实现财务状况改善的人来说，这是一本非常重要的书。书中指出了处于不同象限的各种人在心理、情感和技术方面存在的差异。

现金流象限中左侧的 E—S 象限和右侧的 B—I 象限的不同之处在于，左侧代表了个人通过自身的努力工作赚钱，而右侧的 B 代表了团队，I 则代表你的钱在为你工作。我们的目标应该是进入到右侧的象限中，以便获取更多的收入，右侧象限是你的钱为你效力的地方。

E = Employee（雇员）
S = Self-employed or Small-business owner（自雇主、小企业主或专家）
B = Business owner（企业主）
I = Investor（投资者）

象限的左右两侧的不同还有更多，部分差异如下所述：

E—S 一侧	B—I 一侧
个人	团队
注重安全	注重自由
学校教育你	经验教育你
你在工作	其他人付出时间和金钱在为你工作
你在工作	制度在为你工作
成功让你更加忙碌	成功让你得到更多的时间
利润重要	投资回报重要
收入有限	收入无限
税收优惠很少	税收优惠很多

有一个问题经常被人问到,那就是处于S象限的商人和处于B象限的商人有什么不同。我想说的是,差异显著且众多。首先,如果S象限的专家停止工作,他们的收入常常也就停止了。例如,如果一个律师或牙医停止工作,他的收入也就断了。而处于B象限的企业可能是一家《福布斯》杂志评定的员工超过500人的大企业。

另外一个不同是B象限的企业可以同时在多处经营。这就好比是麦当劳和夫妻档的汉堡摊。出摊的两口子必须站在摊位前全职操办才行,而麦当劳可以在世界各地开办连锁店。

我们推荐雇员兼职开办一家企业,以享受政府为企业主提供的税收减免优惠。开办一家S象限的企业常常是创立一家B象限企业的前提。

不同的象限有不同的税法

每一个象限所适用的税法存在很大差别。税法制定上的不同对左侧象限(E—S)造成了极大的不利影响,甚至高薪的员工和自雇人士也基于他们的收入来源而受到了处罚。

1943年,美国政府批准了《现期纳税法案》(Current Tax Payment Act),提出为雇员代扣所得税。其结果就是雇主代扣雇员的个人所得税,然后直接送交政府。如果新员工将他们的工资总额与实际收到的薪水数量加以比较,他们往往会受到打击。员工收到的只是他们的净工资,是所有的税收被扣除之后剩下的那一部分。政府要首先确保它从雇员那里拿到自己要的那一份。

雇员只能用税后工资来投资或消费,这就大大地限制了他们的选择。目前，雇员可以利用的合理避税的选择非常少。除了某些法定扣减项目外，雇员几乎没有可享受的税收减免政策。法定扣减项目包括个人住房的利息减免和向退休账户的供款，而退休账户有401（k）计划、个人退休金账户（IRAs）和简易式雇员养老金计划（SEPs）。

政府批准了《1986年税收改革法案》(*Tax Reform Act of* 1986)，它取消了原先允许的避税手段和税收减免政策。对被动投资损失的减税限制极大地影响了高薪职业者，比如医生、律师、会计师、建筑师和处于S象限的其他有执照的独立执业者。另外，由于很少有人知道扣除递减规律，领取高薪的那些人现在也经常会失去享有税收减免的机会，甚至是法定的扣减项目也会失去。随着你的收入增加，你就开始失去一定比例的法定扣减数额。

因此，今天处于E象限和S象限的人很少有机会应用合理避税。然而，税法为在B象限和I象限之外经营的个人提供了许多机会。这就是为什么我建议人们继续做好他们在E象限或S象限的日间工作，但要在右侧象限兼职开办一家企业，如此，你就既可以积累企业资产，又可以享受为了鼓励企业主和投资者而设计的税收优惠政策。

2003年，税制又经过了重大修改，《就业增长与税收减免和解法案》(*Growth Tax Relief Reconciliation Act of* 2003)得以实行，因为此法案的出台降低了所得税税率，从而对这四个象限都产生了影响。然而，许多人声称最大的一块蛋糕转移到了B象限和I象限，因为处在这两个象限的都是非常富有的人。也许这也没错，因为B象限和I象限是创造新的就业机会和拉动经济增长的地方。

虽然所有的纳税人都获得了税率降低和其他好处，我却有一个担心，那就是每天人们缺乏适当的理财教育，节省下来的税款也会用于消费，而不是用来投资或积累资产。

税收优惠到底是为了谁

人们把减税当成是对投资者的主要优惠而加以宣扬，因为除了所得税税率降低之外，它也降低了资本收益和股利的税率，它们是从I象限中产生的收入。

降低股利的税率意在解决公司收益和股东分红之间的双重课税问题。之所以产生双重课税，乃是因为政府先要对企业收入在公司层面上征税，之后等到发放股利时又在股东层面上再次征税。很多B象限的企业是C类公司①，企业必须小心监控并规划公司的年度收入，以减少或消除这种双重课税。

如果是读过我其他书的读者，你会记得，当我做生意时，我倾向于采用C类公司的形式。许多会计师在这一点上对我提出了批评，并且指出利用C类公司要面临双重课税，但如果你知道自己正在做什么，并提前一年进行适当的企业税收筹划②的话，这就不成问题。同样是这些会计师，现在还在劝告他们的客户在投资

---

① C类公司，此类公司的特点是,商业实体与其所有者分开独立,在股东任命的董事会指导下经营。公司具有独立性和延续性，它最明显的特点是双重纳税。不仅公司要对分配的利润交税，而且股东个人也要交纳个人红利的税款，但公司的亏损又不能让股东个人做抵减。——编者注

② 企业税收筹划，指纳税主体在符合国家法律及税法的前提下,按照税收政策法规的导向，事前选择税收利益最大化的纳税方案处理自己的生产、经营、投资理财活动的一种企业筹划行为。——编者注

房地产时采用独资和普通合伙制①的形式。

为你的企业或房地产选择正确的法人实体是保护你的投资所必需的。

> 建议：如果你对企业法人形式的选择方面知之甚少，你可能想要阅读富爸爸的顾问加勒特·萨顿（Garrett Sutton）的书《富爸爸如何创办自己的公司》（*Own Your Own Corporation*），这本书解释了 C 类公司、有限责任公司（LLCs）和 S 类公司②的区别，并说明了何时选择哪种形式是适当的。加勒特的书也解释了为什么你选择独资企业和普通合伙制企业作为持有投资的方式风险很大，它们给你提供的保护是最少的。这本书能帮你节省大量的时间和金钱，并且有助于你向自己的会计师和律师提出正确的问题。

资产不同，税法就不同

通过回顾企业、房地产和纸资产这些不同类别的资产，你可以进一步区分它们所适用的不同的税收优惠政策。

---

① 普通合伙企业，指合伙人对合伙企业债务承担无限连带责任。
——编者注

② S 类公司，很多情况下 S 型公司是由 C 型公司获得特许后才能成立的。S 类公司有公司层面上的赋税义务，公司的盈利都由股东自己如同合伙企业的合伙人一样分别自己报个人所得税，尤其在创业阶段，公司的亏损是可以在个人所得里抵税的。S 型公司也不能被其他形式的公司所拥有。——编者注

资产	税收优惠政策
企业	营业费用税前扣减项目 营业损失税前扣减项目
房地产	折旧减免 被动损失免税 交易税收减免
纸资产	免税证券 资本收益税率优惠 股利税率优惠

考虑兼职开一家能为你提供商业培训的公司

虽然我并没有涉及网络营销，但是我之所以向你推荐开办一家网络营销公司，是因为网络营销公司能给小人物一个创办 B 象限企业的机会。许多网络营销公司会给小人物提供这样的机会，以便他们构建一个具有无限扩展潜力的系统。你可以从创办一家 S 象限的企业起步，同时利用网络营销的系统和之前接受的商业指导，你能够把这家 S 象限的企业发展成一家 B 象限的企业。如果网络营销公司经营良好，个人不仅可以获得精神上的支持，还可以获得企业经营能力的锻炼，这是在学校里学不到的，却是在现实世界中取得成功所必需的。这就是为什么我经常向那些热衷于成功理财和财务自由的人推荐网络营销的原因。

这也就是为什么我会常常说：你能做的最好的投资是投资你自己拥有的 B 象限企业。它能在这个易变世界上给你提供最大的保护。开办一家 B 象限企业有风险吗？答案是"有风险"。但可以肯定的是，处于 E 象限和 S 象限的人只能得到很少的保护。他们的损失不是不确定的，而是确定无疑的。

损失也有好坏之分

许多人害怕投资的原因是他们害怕赔钱。然而，并非所有的投资损失都是一样的。就像账有活账和死账、收入有高收入和低收入一样，损失也有好坏之分。

我的一位身为医学博士的朋友，他在股市上损失了 100 多万美元。虽然他对赔钱感觉很糟糕，但他认为能够找一些办法（比如用税收冲销）来弥补这些损失。换句话说，他认为他能够将这些损失转变成某种优惠。

从税务会计师那里返回之后，他就打电话给我，说道："你知道，每年我能冲减的损失额最多才 3 000 美元，按照这个速度，我得用 300 年的时间才能冲销完这 100 万美元的损失。"对我的朋友而言，他在股市上的损失是无法挽回的损失。他赔了钱，但税务员却不给予他很多的税收减免来补偿这些损失。

最大的损失

最可怜的损失是普通投资者在诸如 401（k）等退休金计划中的损失。在 401（k）计划里损失钱的人不享受损失方面的税收优惠。至少那位损失 100 万美元的医生还能每年冲销 3 000 美元。

会计师曾经就此问题与我争论，他认为这种损失之所以没有税收优惠，是因为雇员在 401（k）等退休金账户存入的是税前收入。问问周围那些因市场动荡或管理不善而导致自己的退休金损失一半的人，你就会知道这种损失是真实存在的。

在房地产和企业方面的损失属于可挽回的损失

有趣的是，投资开公司或购买房地产的人却可以利用某些损失。例如，假设一位企业主在其企业经营中损失了几百万美元，他是能够从其他收入中扣除这些损失的。如果产生营业净损失的企业是 C 类企业，企业主可以将公司卖给另外一家有利可图且能够利用这一损失的企业。当然，这样做需要遵循严格的规定。

我经常听人们说开公司有风险。不过，你要是从税务员的角度来看待资产，投资股票和共同基金的风险更大。一旦我开公司损失了很多钱，我却能够享受一些税收减免方面的优惠，有可能因祸得福。如果我投资纸资产损失了很多钱，大多数情况下这些损失就真的损失掉了，因为它们只享受很少的税收优惠。

税务员为房地产投资者提供了一种税收激励，称为"折旧"。折旧在许多投资者的财务报表中看起来是减损，但实际上它不是一种减损，只是一种虚拟的扣除，是资产在纸面上的减少。一个好的房地产投资会为你带来正的现金流，但你或许可以利用折旧减免将你的租金收入用于再投资，如此便不必为租金收入支付所得税了。另外，如果你或你的配偶具备从事房地产业的资格，你可以用其他收入来抵消房地产带来的被动损失，其额度在 2.5 万美元或更多。（一个额外的好处是：即使税务员同意投资者申请折旧减免，但财产可能实际上是升值的，或者由于折旧减免，财产还可能是贬值的。）

在我一开始打算做投资时，对于这种税务员赠送的意外礼物，我并不是很理解。甚至到了现在，我发现自己仍然要绞尽脑汁地努力理解这一概念。我能够用我的钱投资并能获得较高的回报，原因之一就是税务员给予我红利减免，也就是"折旧"。

纸资产的税收策略

通过降低长期资本收益和股利收入的税率，税法有力地保护了大部分纸资产的长期投资。雇员可以利用的为数不多的税收减免之一是向退休金账户存款时可在个人应税收入中提前扣除。富爸爸再次指出这是在储蓄，而不是投资，因为你只是把钱存在那里不动，而不是让钱加速周转。

除了降低资本收益和股利的税率之外，还有其他与纸资产相关的策略。我富爸爸的打算是开公司，投资房地产，之后再投资纸资产。总体策略涵盖了对现金流和税收以及风险保护等方面的考虑。

投资资产和股票的人经常会提到 EBITDA[①] 或市盈率，EBITDA 代表的意思是"利息、税项、折旧和摊销前的利润"。纵然这些词汇已经十分普及，但它们真的告诉你进行一个信息充分的投资决策所需要的东西了吗？

总　　结

关于税法有以下要点：

[①] EBITDA，即 Earnings Before Interest, Taxes, Depreciation and Amortization 的缩写，即利息、税项、折旧及摊销前的利润，EBITDA 其实就是净利润加上利息、税项、折旧和摊销。——编者注

· 通过选择适当的企业法人形式持有你的资产，实现资产保护的最大化和税收的最小化。

· 定期与你的税收顾问一起制订合适的税收规划，减少自己的纳税额。

· 只要税法有改变，就要不时地与你的顾问面谈，一起分析税法对你和你的投资的影响。

· 如果你还没有兼职创办一家企业，不妨考虑开办一家。

· 检查一下你的个人花销，看看有没有可能列为合法的企业开支。

· 学习投资术语，如此你就能更清楚地知道要向顾问提什么样的问题。

· 正确规划你的投资策略，并将税收降到最低，从而实现现金流的最大化。

· 将从税收中节省下来的资金进行再投资，用于购买或创建更多的资产。

第六章

询问记者

"守好通往你大脑的那扇门。"

——富爸爸

撒谎的自由

在读大学的4年里,我的必修课包括商法、国际法和海事法,而海事法则是水手们的行为准则。由于我们接受培养的目标并不是为了日后做律师,而是做远洋货轮的高级船员,可以航行到世界各地的不同港口,因此,知晓各种法律对于我们的职业培训十分必要。

我的国际法老师是一位美国宪法的狂热信仰者。只要有机会,他就会在讲课中添加一些有关美国宪法的内容,特别是当他将美国的法律与其他国家的法律进行比较时更是如此。他尤其热衷于保护言论自由和新闻自由的美国宪法《第一修正案》。他经常会说这样的话:"在这个世界上,其他国家没有新闻、言论自由。而在美国,畅所欲言是宪法赋予你的权利。美国的伟大之处就在于此。"

当这位老师讲到为美国起草宪法的先贤们所表现出的卓越智

慧时，总能令年轻、幼稚而且充满理想主义情结的我对他们充满崇敬之情。老师也不遗余力地想让全班同学认识到美国宪法中所体现的理念是多么具有革命性。但是，就在毕业并踏入现实世界之后，我才认识到宪法以书面形式向人们保证的这一理念在现实生活中并不那么理想。年轻、幼稚的我确实想当然地认为言论自由就意味着我们必须实话实说。但过了几年之后，我最终恍然大悟，原来言论自由保护的是人们撒谎的权利，以及其他不是那么令人愉快的交流方式。

政客会睁着眼说瞎话吗

在我有生之年的美国近代史中，至少有3位美国总统会因为他们的一句话而被人们记住：

- 理查德·尼克松总统："我不是一个骗子。"
- 乔治·布什总统："听好了。不会开征新税。"
- 比尔·克林顿总统："我没有跟那个女人发生性关系。"

研究说谎的项目

格伦·纽维（Glen Newey）是英国斯特拉斯克莱德大学的一位政治学家，他通过对某一项目的深入研究得出了"政客们会撒谎"的结论，并且声称："政客需要更加诚实地对待撒谎"，他的这一发现被英国政府拨款机构——经济和社会研究理事会（ESRC）发表。

作为一个美国纳税人，在得知英国政府也花纳税人的钱用于资助此类富有价值和教育意义的研究项目时，着实令我振奋。终于真正地了解了政客们，这是好事一桩。原来我总是对政客们是否会撒谎或者是否说实话感到疑惑，现在我知道了。

撒谎、欺骗和伤害的自由

随着年龄的增大，我的见识也稍加广博，我开始充分认识言论自由和新闻自由这一奋斗目标到底有多么远大。在平静的日子里，我常常安静地坐着，努力体会美国先贤们将这一理念赋予全体国民时所需的胆识和才华。对于这些自由给美国社会带来的好处和坏处，以及为什么我们每一个人需要对所读、所见和所闻永远保持警惕，我也有了更加深刻的认识。

随着互联网的出现，对于这个没有规则或者即使有规则也得不到执行的没有国界的世界，作为同处地球村的人类，我们面临着更多的挑战。互联网已经将言论自由和新闻自由推到了一个全新的维度。如果存在这样一个时代，要求身处其中的人承担更大的责任，而且更加尊重不同的法律、伦理、道德和仁慈，那这个时代就在当下。不管是个人亲自选择，还是受到网络世界的摆布，总有一些人选择撒谎、欺骗和伤害，因此，即使我们有时可能也想那么去做，请记住不要学这种人，这在当今社会尤为重要。

信息管理

在积累财富的模式中，"管理"这个词位列第二：

1. 挣钱或者创造财富

2. 管理

3. 利用财务杠杆

4. 保护

5. 退出

在我讲课中提到"管理"的时候，许多人认为我只是指金钱的管理。实际上，"管理"是一个意义很宽泛的词，它包含对金钱、时间、人和资源的管理，特别是对信息的管理。在我看来，投资者需要管理的一个最重要的资产就是他们的信息流，其中一种特别的信息就是财经资讯。

数百万投资者损失上万亿美元的原因之一就出在他们收到的财经资讯上，这些信息质量很差，为时已晚，而且常常失之偏颇，有时还存在着欺诈。"做长期投资，购买，持有，并且要多样化"这种投资建议就是一例。这种理财建议几乎等同于那种"请来乔氏餐馆就餐"的建议，在乔氏餐馆就餐可能对乔先生有利，但它可能对你没有好处。劣质食物影响人们的健康，而劣质的信息则影响人们的财富。

真相和金钱

当涉及金钱的时候，言论自由容许我们任何人说我们想说的任何话，即使这些话并不真实也无所谓。

以下就是一些受到言论自由权所保护的行为：

- 我们可以做出不必信守的承诺。

- 我们可以传播谣言，并且毁坏他人的名誉。
- 我们可以假装专家，说一些自己一窍不通的事情。
- 我们可以批评。
- 我们可以欺骗。
- 我们可以另有企图，而且不可告人。
- 我们可以言过其实。
- 我们可以说"我爱你"，或者"对不起"，心中毫无爱意或悔意。
- 我们可以摆出一副实事求是的嘴脸来撒谎。

不仅个人被赋予了这种自由，新闻也是如此。

你不必说"对不起"

财经记者人数众多，他们分别为报纸、杂志、网站、电台和电视台工作，就是他们将非常拙劣的理财建议散发出去，才致使数百万人损失了几十亿美元。在这些职业记者中，许多人现在仍然还在大量地散布理财建议。"对不起，我错了"诸如此类的话我一次也没有听他们说过。他们不必说"对不起"，或者不必承认"他们对所谈论的内容一无所知"，这是言论自由赋予他们的另外一种权利。

迈克尔·刘易斯就这些记者在2002年《纽约时报》杂志10月刊上发表了一篇名为《保护繁荣》的文章。文章中这样写道：

就像其他报纸一样，《华尔街日报》曾经主要是对惊人的成功感兴趣，并对互联网的泡沫助了一臂之力。现在，同其他报纸一样,《华尔街日报》主要是对倒闭感兴趣。即使在硅谷,倒闭也是一种突发性的恶化。真是遗憾呐。因为别的原因,其先前的态度产生了一些真实而又可观的回报。

新闻界的影响力不被人们理解。重要的是,人们要小心处理自己获得的那些据称是可靠消息的财经资讯。

做 1 小时的葡萄酒专家

说到信息来源,我想起我的一个朋友,他在美国加州的纳帕谷拥有一座已传承了三代的葡萄酒庄园。他给我讲过很多有关游客的趣事,其中一件为:游客走进他的品酒室,假装自己是懂葡萄酒的行家,并试图用他们的葡萄酒知识给他和他的工人留下印象。他说道:"今天很多人自诩为葡萄酒专家,这是好事一桩,因为一个人越是拿自己需要成为葡萄酒专家当回事,那把更贵的葡萄酒卖给他们就越容易,即使昂贵的酒和我们这廉价的酒之间并不存在多大的差别。"

我问他是否一种酒与其他酒有很大的不同。他回答说:"是的,差别很大,但大多数人不能真正地辨别它们之间的差别。当谈及葡萄酒时,许多人就会自欺欺人,假装他们略知一二,假装自己是专家。我们会迎合他们的弄虚作假,不会戳穿这种貌似深奥实则一眼就能看穿的伪装。通过投其所好,我们赚了很多钱。尽管某种葡萄酒跟挨着它的那种葡萄酒实际上并没有多大的差别,但如果我们让他们感到别人眼里的自己聪明而且经验丰富,他们就会乐于购买更多昂贵的葡萄酒。我们越满足他们的自负心,就越能以较高的价格卖给他们更多的酒。我们知道，大多数业余的葡萄酒鉴赏家并非真的想成为葡萄酒专家，只是想在他们下次的宴会上给到场的朋友留下深刻的印象而已。"

我问道："那你如何分辨好酒和孬酒呢？"

"买葡萄酒的最好方式就是，如果你觉得口感不错，而且价格也合适，那就买，"他答道，"虽然我在葡萄酒行业折腾了一辈子，但我不会假装是一个葡萄酒行家。若是谈到葡萄酒，真正的葡萄酒高手真的是少之又少，但是，还是有不少人假装专家，将酒卖给同样是假装专家的那些人。"

我答道："听起来跟投资领域很像。"

教你致富的穷人

富爸爸经常说："当谈到钱的时候，会有很多穷人告诉你如何致富。"

在澳大利亚的旅途中，我接受了一位记者的采访，他为当地一家报纸撰写财经专栏。他说道："很明显，不负债是你最好的投资。"

沉默了片刻，我礼貌地答道："的确，无债一身轻，有时是明智的，但在其他时候，负债可能是好事，甚至有利可图。"

"你疯了吧，"他大发雷霆，"知道自己在谈什么吗？所有的债务都是不利的。我告诉我的读者不要负债。在他们还清债务之后，他们应该对管理基金进行多元化投资。"

"那好，"我说道，"你认为什么正确就写什么吧。"

"我会写的。"他说道。

"但是，难道你认为你的读者不想了解良性债务和恶性债务有什么不同吗?"我问道。

"没有这种事。你这是一派胡言。如果你想致富,首先必须要做的就是还清你的账单,不负债,并且开始存钱。"

然后我问这位记者:"那你靠当记者赚钱呢,还是靠投资赚钱?"

记者说道:"这与你无关。"采访就这样结束了,我利用债务致富的观点自然也不会被发表。

聪明的定义

富爸爸经常说:"聪明的定义为'如果你与我的意见相同,你就是聪明的;如果你和我不一致,你明显是个傻瓜'。"

询问你的理财顾问

有一种方式可以让你明智地分辨你所获得的财经资讯是否可靠,那就是问你的理财顾问一个问题,类似于我在澳大利亚问记者的那个问题。"你的大部分收入是靠当理财顾问赚的,还是靠投资赚钱?"你可以拿这个问题询问每一位理财顾问,你会吃惊地发现,大多数理财顾问的反应简直和那位记者一样。

财经记者的问题在于:作为一个读者,你不能问他们那个问题;即使你能问,他们会诚实地告诉你他们的回答吗?

成为一名执业顾问需要多长时间

市面上存在着众多劣质的财经资讯,原因很简单,那就是没有经过很多的教育或培训就变成了一个执业的财经权威。事实上,在很多地方，成为一名执业的按摩治疗师要比成为一名执业的财经顾问花的时间还要长。

你能保证不会发生吗

旅行中，我偶然与一个理财顾问展开了激烈的争论，这个理财顾问有其自己的电台节目。对于理解市场营销和潜在客户开发的人来说，拥有自己的电台节目是发现新客户的一种绝妙方式。理财规划师说道："你书中的观点是错误的，股市不会崩盘的。"

我问道："何以见得？"

"好吧，理由是婴儿潮那一代人退休时不会把他们的钱撤出的，但你却说他们会撤出，因为婴儿潮这一代人很快就会从父母那里继承几百万美元。还有，中国人也会开始投资美国股市，这会促使股市的繁荣，而不是像你认为的那样会暴跌。"

"听起来不错。我认为暴跌肯定会发生，你能保证它不会发生吗？"

"保证？"理财规划师嘲笑地说，对着他的许多听众说这样的话似乎并不明智，"嗯，当然不能保证。怎么会有人保证那种事情呢？是的，我不能保证。"

我能保证发生吗

那位理财顾问最后恢复了平静。我说的"你能保证它不会发生吗"完全出其不意，使其露出了骗子的尾巴。然后他转而问我："你能保证你说的（股市会崩盘）会发生吗？"

我回答说："那当然。"

"你能保证?"他弱弱地问道。

我说道:"没问题。"

"你怎么能做到呢?"

"这很容易,"我说道,"市场有涨也有跌,这是任何投资者都知道的事情。预言市场崩溃如实发生就如同保证明年冬天阿拉斯加会下雪一样。职业投资者知道市场周期总是在变动之中,就像是气候变化一样无常。傻瓜才会相信中国投资者或婴儿潮那一代人的父母具有阻止市场崩溃的能力,市场崩溃也是市场周期的一部分。在投资领域,有些事情总是会发生,市场暴跌就是其中之一。这就是我所保证的,这就是为什么我知道我书中观点的前提是正确的。暴跌的准确日期无法确定,但请相信我,下一个暴跌正在来临。市场暴跌总是紧随着市场繁荣而至。没有哪个市场能够永远上涨,这种想法是有违自然规律的。作为一个投资者,我宁可把赌注押在自然规律上,也不愿意押在中国投资者或婴儿潮一代人会将他们继承的遗产投入股市。"

"所以,你建议转而投资房地产?"理财顾问反问道,极力想把我踢出这一话题。

"不,"我答道,"房地产也有其周期。我建议你的听众提高他们的财商。精明的投资者知道市场周期总是存在的。这就是我为什么把赌注押在市场周期,而不是押在中国投资者或继承遗产的婴儿潮一代人能挽救股市于既倒的原因。"

"节目时间快到了,谢谢你的评论。"理财顾问礼貌地说道。

我很喜欢自己去电视台或电台录直播节目,因为这样一来我所说的话难以改变。听众听到的确实是我正在说的话,他们能够自我判断喜欢还是不喜欢我所说的话。然而，文字记者是为报纸、杂志和网络写稿的人，他们有权利将我说的话断章取义，改变它，歪曲它，是的，甚至是撒谎。我承认95%的新闻媒体是令人满意的，却总有5%不那么令人满意。我已经长大成人了，我也明白"金无足赤，人无完人"，不过我还是比较害怕文字记者。5%的新闻媒体令人不快，但大部分的新闻媒体是与文字记者的观点相一致的，而文字记者有权利讲你说的话，甚至是你没有说过的话他们也可以讲。

4个有魔力的字

任何时候当我听到某人像一个绝对的权威讲话时，我就会问"你能保证？"这就是富爸爸教我使用的4个有魔力的字。如果我告诉你这4个有奇异魔力的字我使用了多少次，并且让吹牛甚至有时还说谎的专家现了原形，你可能会感到吃惊。

富爸爸说："说谎和不讲真相之间有一条分隔线，这条细线就是一个人的责任感。"当你要求某人为他们所说的话作保时，你就开始发现他们站在这条线的哪一边，不是你这边，就是他们那边。

听起来自相矛盾

之前我曾经说过，你应当意识到某人说的话听起来过于肯定，某人说的话听起来就像是他们知道所有的答案。我也明白，当我说我会保证市场暴跌时，听起来我也像那种过于肯定的人，是那种你应当小心的人，你应当如此。然而，从这一明显的矛盾之中，你应当学到一个教训。这个教训就是一个投资者必须知道一个人何时会对以下事情确有把握：

- 事实
- 判断
- 原理

当拥有自己电台节目的理财顾问向他的听众断言"因为中国人和婴儿潮一代人会救市，所以市场不会崩溃"时，他就是在肯定一种判断。

当我说"市场会暴跌"时，我是在肯定一种原理。

富爸爸说道："在管理你的信息时，你需要了解事实、判断和原理之间的差异。"几百万投资者损失几十亿美元的原因之一，就是因为许多投资者是基于判断而做出他们的投资决定，而不是基于事实和原理做出决定。

问自己这样一个问题："做长期投资，购买，持有和多样化，这种有关投资的推销说辞是一个事实、判断还是原理？"

我的答案为：它是一个判断，因其缺乏事实依据，故肯定不是一个原理。仅仅基于判断，并且将判断混同于事实或原理的投资人是在痴心妄想，经常赔钱的人就是这类人。

提高你的成功率

在我投资共同基金之后，富爸爸坚持认为我要了解判断、事实和原理三者之间的不同。我对这三个词的定义是：

- 事实：通过某种证据能够证实它存在的事情。
- 判断：可能基于事实，也可能不基于事实的事情。

"可能基于"或"可能不基于"是关键词。它的意思是说：某件事情可能是事实，但在我确认之前，它仍然是一个判断。例如，如果有人说"我有10只小狗"，在我能够确认之前，这句话对我来说仍然是一个判断。你可能注意到，信贷员也遵循这一智慧的指引。如果你在信用贷款申请表中列明你有25 000美元的存款，即使他们认为你是一个诚实的人，信贷员也会对此加以确认。

- 原理：在所有情况下都是正确的事情，没有例外。例如涟漪效应，而涟漪效应最形象的一个例子就是：当我把一块石头扔进水中时，永远会产生涟漪或波浪。我能肯定地预测市场暴跌的原因也是由于我确信涟漪效应。

关键在于，当某人认为某种判断确定无疑时，要非常小心那个人。数百万人损失几十亿美元就是因为他们把听到的判断当成了事实或原理。如果你怀疑某事是判断，而不是事实或原理，永远要记住富爸爸的这4个充满魔力的字："你能保证？"

不久前的一天，我正在夏威夷考察一幢非常昂贵的公寓。当我说"这套房的价格似乎挺高"时，售楼员说道："是的，但当他们增添新的高尔夫球场后，这房子的价格会翻番。"对于他的话，我只说了一句"你能书面保证吗？""当然不行，"售楼员说道，"我做不到。"一天之内像这种平淡无奇且天真无邪的事情能发生成千上万次。数百万人每天都根据判断而不是基于事实和原理来购买，如果你使用这简单的4个有魔力的字，它就能帮助你弄清楚你在交易什么，以及和谁在交易。

询问记者

本章的题目是"询问记者"，那是因为如果你决定成为一个职业投资者，你需要当心你阅读的刊物，并且小心选择你要获取信息的刊物。

我正在跟我的房贷信贷员一起吃午饭，恰好他是美国成绩最好的房贷信贷员之一，每年能完成几十亿美元的贷款。突然，他问道："为什么这些花里胡哨的财经杂志不写写房地产投资呢？这些光鲜亮丽的财经杂志多数只谈论股票、证券和共同基金。它们只谈一种房地产，那就是修护你的房子，或者购买一座度假屋，要不就是投资房地产信托投资基金（REITs）。这些根本不是真正的房地产投资。"

我跟他的想法一样，我说道："因为这些杂志需要让他们的广告客户高兴。"

记者是写给谁看的

如果你想检验你的投资信息是否妥当，最好的办法之一就是首先查查谁是你阅读刊物的广告商。许多支持"长期投资于共同基金"这一理念的刊物会把共同基金公司当成他们广告收入的主要来源。这就是在市场崩溃之前、期间和之后，这些刊物为什么还会继续撰写共同基金优点文章的原因所在。

虽然杂志声称为了让它们的报道保持公正性，它们的编辑部与广告部是相互独立的、性质截然不同的两个部门，但如果这些财经杂志在它们的封面上敢于鼓噪"共同基金是可怕的投资"或"现在退出共同基金"，无异于财务自杀。相反，这些杂志会年复一年、期复一期地运营下去，这些封面标题同样行之有效："哪只共同基金是最好的？""今年业绩最好的基金"，"到了购买债券基金的时候了吗？""哪个行业的基金赚钱更多？"问题是这种刊物能够做到公平且没有偏见吗？它们会给你提供最新的财经资讯吗？它们是在为你还是为它们的广告客户发布文章？它们读者的理财成熟度有多高？我会让你发现你自己是如何回答这些问题的。

在《货币的未来》(*The Future of Money*)一书中，作者贝尔纳德·列特尔（Bernard Lietaer）谈到美国人对媒体不再那么信任。他提到美国著名语言学家诺姆·乔姆斯基（Noam Chomsky）说过的话："主流媒体的目的……并非着重于告知或报告正在发生的事情，而是按照广告客户中占优势的公司的有权势之人的意思大造舆论。"列特尔继续说道，"许多杂志会把文章呈送给广告客户进行事先审查，这已经成为一种惯例。《洛杉矶时报》(*Los Angeles Times*)甚至对其管理结构进行了重组，以实现广告客户和编辑之间最大限度的合作。"

管理你的财经资讯

我之所以写本章内容，是因为你收到的财经资讯的质量至关重要，尤其是涉及你的钱的时候。

我经常给人们布置一个作业，即给一位记者特别是文字记者打电话,并且问他(她)两个问题。

第一个问题:媒体发布的所有信息都是真实的、实在的、没有偏见和客观的且不是出于商业利益考虑的吗?

接受这个作业的人给我的反馈是几乎所有的记者都对"媒体是诚实的"这一想法嗤之以鼻。大多数记者承认很多媒体并非真的在乎真实性,它们真正关心的是娱乐性和广告收入。

第二个问题:你在撰写稿件时是真实的、实在的、没有偏见和客观的且不掺杂商业利益的考虑吗?

多数情况下,记者们对这一问题的回答千差万别。即便大多数记者认为他们的很多同事并非如此,但他们还是认为自己是真实的、实在的、没有偏见和客观的且不掺杂商业利益的考虑。

我有一个身为治疗专家的朋友,他称这种现象为"选择性认知错觉",他也称它为"职业性的傲慢"。他解释道:"所有的专业人士倾向认为其他同行都是庸医,而他们自己则是神医。大多数专业人士由衷地认为他们高举着所在职业的真理和荣誉旗帜,虽然很多他们的同行认为他们打着的旗子上其实却画着一只鸭子。这就是选择性认知错觉的一个例子。所有的专业人士都会犯这个毛病。"

市场上到处是鸭子

在中国的某一天,我看到一个养鸭人赶着他的一群鸭子去赶集,鸭子有几百只之多。当我坐在车里等着养鸭人和他的鸭群过马路时,我想到了治疗专家和他的"选择性认知错觉"这一概念。我转过头跟车内的朋友说:"这看起来像是'理财专家'的集会,一起过马路。"

我的朋友大笑,然后说道:"看到了吗,鸭子只是跟着其他鸭子嘎嘎地叫着向前走。或许它们应该朝着这个农民叫,问他要把它们领到哪里去,而不是相互之间乱叫。"

有错觉的鸭子

在理财顾问的世界里,我也会犯"选择性认知错觉"这种病。我也是只鸭子。说实话,在我内心里,我也确信自己高举着真理和荣誉的理财大旗。我也意识到很多我的同行认为我的旗子上也画着一只鸭子。说到我的理财建议,我很明白我也是一只有错觉的鸭子。

我的心思没有放在我嘎嘎叫什么或者我的同行鸭子们嘎嘎叫什么,我最关心的是那个养鸭人,这是一个沉默的人,似乎在领着大半个世界走向市场。而且,我关心的是很多理财的"鸭子"其实是在为"养鸭人"工作,而不是为和它们同属一类的鸭子工作。许多为养鸭人工作的鸭子是经过伪装的,就像记者、投资顾问、信贷员、保险经纪人和政府官员一样。如果一只有主见的鸭子突然不再对着另一只鸭子叫唤,并且说道:"哎,这个农民领我们上哪儿去?"为这个养鸭人工作的鸭子们开始大叫起来,称呼这个有主见的鸭子是"半调子",其实很多鸭子都是这样。但是,一旦鸭子开始相互嘎嘎叫,每个鸭子便不再向养鸭人问那个问题。

鸭子在为谁工作

试图消灭为养鸭人工作的鸭子既不现实,也不可行。这种鸭子实在是太多了，而且很多养鸭人的鸭子也确实起到了有益的作用。然而，每次遇到一个理财的鸭子，你都要问自己："这只鸭子为谁工作，为我还是为养鸭人？这只鸭子使劲把我领向财务自由还是屠宰场？"这也太不现实了。

质量较高的信息

在1965年遭遇那个向我推销共同基金的销售员之后，富爸爸对我说："水平较高的投资者寻求质量较好的信息。"他还说，"质量较好的理财信息并非唾手可得。你必须搜寻。"

现在，我不断地关注我要阅读的财经刊物的质量。我会扫视放在超市收银台附近的流行财经杂志的标题。排队结账时，我会挑选一份杂志浏览。偶尔我会买一本，从而阅读引起我注意的那一篇专题报道。虽然文章写得有趣，但我总是知道广告商是谁，以及多数作者可能受过良好的教育，但他们未必在理财方面获得成功。我也质疑刊物所瞄准的目标市场和人口，以及这个刊物是否得到养鸭人的资金支持。许多流行的财经刊物将目标锁定在受过良好教育的高收入专业人士，他们很少受过正规的理财教育，没有多少时间用来投资，因此，他们选择投资共同基金。这种水平的财经刊物就适合他们看。养鸭人喜欢这种类型的投资者，这就是为什么他们经常要拥有自己刊物的缘由。许多财经杂志就是养鸭人定位没有经验的鸭子的工具。

关键在于，如果你想在理财上取得更大的成功，你必须自己搜寻理财信息，因为许多最好的财经刊物并不在超市出售，甚至在书店里也买不到。

小心接受某人的观念

我在 1965 年学到的教训是：在要接受谁的观念这个问题上，我必须非常小心谨慎。富爸爸说："由于某种原因，我们会锁上家里的门，出于同样的原因，你也应当为你的大脑加上一把锁。"

今天，当我阅读报纸、商业杂志和观看电视的财经新闻频道时，我选择进入我大脑最深处的信息来自于那些成功而富裕的投资者，而不是做雇员并且他赚取的工资是其大部分收入的记者。虽然我打算大量投资房地产和企业，我却喜欢向不做房地产投资的投资者学习，并阅读他们写的文章。

我愿意接受沃伦·巴菲特、吉姆·罗杰斯（Jim Rogers）等诸如此类人的观念。我阅读《华尔街日报》，因为它常常认为股票看涨，我阅读《巴伦周刊》，因为它常常认为股票看跌。我也爱阅读《经济学家》《商业周刊》和《福布斯》杂志，以掌握大企业的最新发展趋势。

说到房地产新闻，我发现我在市场报告中获得的信息是由许多商业房地产公司发布的。这些报告很多是免费的，有关发展趋势和职业房地产投资者所面临挑战的信息十分丰富。

为了获得更多重要和特殊的信息，我订购了几种投资通信。虽然它们有些是由"江湖郎中"写的，我仍然从他们非正统的观点和少量令人费解的信息中学到了一些东西。

我并非推荐你阅读我阅读过的杂志，一点这个意思也没有。我说的这一切要点在于鼓励你积极地搜寻较高质量的财经资讯。你最宝贵的资产就是你的大脑，你需要给它安上一扇带锁的门。

财经资讯简介

当你把塞进自己大脑的财经资讯类型进行仔细分析时,一定要牢记现金流象限。

· 有些刊物和理财规划是由处于E象限和S象限的人为其他处于E象限和S象限的人写的。

多数流行的财经杂志属于这一类,许多有名气的理财专家拥有他们自己的电台节目或电视访谈节目,他们也属于这一类。大多数关于理财和投资的普通报纸文章也属于这一类。有时,普通报纸也会渐渐进入下面这一类。

· 有些刊物和理财规划是处于E象限和S象限的人为处于B象限和I象限的人写的。

比如《华尔街日报》《福布斯》和《巴伦周刊》属于这一类。

· 有些刊物和理财规划是处于B象限和I象限的人为处于B象限和I象限的人写的,或者为那些争取进入B象限和I象限的人写的。

你可以从商业房地产经纪公司那里发现极好的房地产信息,

这些信息是住宅房地产中介所没有的。也有很多由真正处于B象限和I象限的人撰写的专业通信，常常是高科技方面的内容。我想说的是，富爸爸的系列书、富爸爸顾问的书和其他富爸爸品牌的产品属于这一类的信息。

我不了解很多处于B象限和I象限的人为与他们同象限的人制作的电视或电台节目，但是需要有人制作。

寻求好的建议

对于那些想知道把10 000美元投向何处的人来说，我有一个答案，那就是花一点钱购买高质量的财经刊物，并且定期阅读。如果你不希望完善和提升你的财经资讯，那么，一定要把你的钱存入银行。

赔钱者的建议

财经资讯的一个最坏的来源就是赔钱的人，你能发现到处是赔钱的人。有一次在我讲授一节简单的投资课程时，一个人举手想发言，此人站起来说道："房地产是一种很不理想的投资。"

我问道："为什么你会这么说？"

"我有一位朋友，还在上班，他投资了一套公寓，不料给赔了，一毛钱也没挣着。"

我问道："他是怎么赔的？"

"嗯，首先，他为这套公寓花了很多钱，加之他没有充足的钱用于投资，所以，没有缴纳足够的首付。因为他的按揭贷款额度大，他收不到足够的租金来补偿按揭和其他开支。"

我说道："噢，那是不怎么样。"

"情况更糟，"他继续说道，"他提高了租金，租房的人却搬走了。新的房客搬进来，损坏了公寓，并且不支付租金，他不得不把这个房客赶走。我的朋友现在正想办法出手，但是，除非他把损坏的部分修好，否则没有人愿意出他给出的价格。他不想花更多的钱修房子，也不想降价。因为现在没有房客交租金，他赔的钱更多。他告诉我他再也不投资房地产了。这就是为什么我说房地产不是一个挣钱的投资项目。"

比报刊更有威力

这是一个从赔钱者那里获得投资建议的例子。不管投资股票、房地产或是企业，这都没有什么区别。每一种投资都有赔钱的人，而赔钱的人会随时宣扬他们的投资建议。很多人没有成为成功的投资者主要原因在于他们听取这些赔钱者的建议。

守好通往你大脑的那扇门

在本章开头，我说到了言论自由和新闻自由的重要性。这些自由也扩展到了赔钱的人和那些害怕赔钱的人那里。因此，害怕赔钱的人常常是那些"把赔钱的人搞砸了"的消息传播出去的人。

在进一步阐述之前，让我说清楚一点，那就是我无意冒犯赔钱的人。我这一生中也多次赔过钱。事实上，我经常鼓励人们多赔一点钱，这样他们就会多学一点经验。我们要从错误中学习，毕竟，老天爷造人时就是这样设计的。我所反对的是那些因为自己赔钱而责怪其他人或事件而不是从中吸取教训的赔钱者。另外，这些赔钱的人常常用他们的失败来影响其他人。

守好通往你大脑的那扇门,一个重要的原因就是这些赔钱的人无处不在。当我看到有人因经济拮据而捉襟见肘的时候,我常常问他们跟谁走得比较近,以及他们对于金钱、投资和成功的态度是什么。很多情况下,这个为生活而苦苦挣扎的人都是听了赔钱之人或害怕赔钱之人的建议。这些人并不诚实,不承认他们害怕,不承认他们对自己的损失负有责任,而是经常表现得愤世嫉俗、吹毛求疵和郁郁寡欢,或者向任何愿意听的人传播使人不愉快的消息。这种传播坏消息、掩饰真实的感受、自己不成功却责怪别人和批评成功者的权利是受到宪法《第一修正案》保护的。

家庭的原因

家庭是误传财经资讯、欺骗、权力斗争和撒谎的主要来源。我曾听到过一些消极言论,带有普遍性的有以下几种:

· 我想开始投资,但是我家那口子不想,说是有风险。

· 我想辞职,创办我自己的企业,但我父亲坚持让我不能丢了工作。他说工资不高强过没有工资。

· 我家里人认为我疯了。为了息事宁人,我只好啥也不干。

最大的说谎者

我人生中最重要的教训是在越南学到的。之前我已经写过此事,但它值得反复讲述,因为这个教训在我们生活中的很多方面都适用。

一天清晨,我和我的机组人员飞进了敌军的防区。我们驾驶的是一架武装直升机,正在为进入战区的运兵直升机护航。突然,我们看到敌军机枪中发射出的曳光弹^①正朝着我们升腾而上。作为新参加战斗的飞行员,我开始恐慌。我的飞行开始变得不再自信,开始更多地担心死亡而不是飞行。意识到我在意志上已经输掉了战斗,我的机长拍拍我的头盔,然后把它扯了下来,这样我们就可以对视了,他对我说道:"中尉,你知道这个活儿的麻烦在哪儿吗?"

"不知道。"我说着,摇摇头。

"这个活儿的麻烦在于没有第二名,要么我们赢,要么地上那个机枪手赢。我们当中只有一方今天可以回家。"

即使在激烈的战斗和心惊肉跳之中,机长说的话我也能听得很清楚。他以前也遇到过没有经验的飞行员。我知道我被吓坏了,他也知道我被吓坏了。怀疑、恐惧和不安全的想法正在我的大脑中狂飙。我当时只考虑自己,而忽略了飞机上跟我一起的另外4个人。我问道:"我应该做什么?"

"听我说,"机长清晰地说,"这个活儿的麻烦就在于它没有第二名。不是杀人就是被杀。如果你害怕死亡,我们就会全死。专心干好你的活,而不是总是在想你害怕的事。听从你内心胜者的呼唤,而不要听那个败者的话。害怕是正常的,但不能让你内心的败者战胜你。集中精力于赢,中尉。干你的活儿,带我们回家。"

我点点头,转过脸来,面对着呼啸而来的子弹,专注于获胜。我尽到了自己的职责。

---

① 曳光弹,一种尾部装有能发光的化学药剂的炮弹或枪弹。——编者注

不要让败者占上风

我在那天学到的教训是：在我们每一个人的内心都有一个"胜者"和一个"败者"。许多人未能发挥出他们理财的潜力，原因之一就是当涉及钱的时候，大多数人听任败者占上风。

多年以来，我历经沉浮，多次遭遇过理财上的失败，但最终在理财上取得了成功，即便到了今天，我仍然要与内心深处的胜者和败者展开争斗。不久前的一天，在查看靠海滨的一片地时，我就听到自己内心的败者开始讲话。他说："你并不真的想要它，太贵了，另外，经济形势变了怎么办？利率上升了怎么办？如果利率上升，房地产价格就要下跌。如果房地产不行了，那么你其他所有的投资和企业也会完蛋。"

此时，我内心的败者无可厚非，它发挥了非常重要的作用。很多人的问题在于败者是他们大脑中唯一的声音，没有言论自由，没有宪法《第一修正案》。当涉及钱的时候，许多人大脑中的败者就已经赢了。当赔钱的人开始听某人说以下这些话时，它就会开始赔钱："拣牢稳的办"，"找一个安全可靠的工作，别冒险"，"存钱，别欠账，这是明智之举"。我个人认为这是败者的声音。因为我每天都在听这种声音，我太熟悉它了。

我在越南学到的教训是"我为什么而战斗"。我为自由而战，而最重要的自由之一就是言论自由。在越南的那一天，我将言论自由的权利交给了我内心的胜者。

让胜者和败者都发言

那么，为什么言论自由非常重要呢？它之所以重要，理由是：

最大的谎言常常是我们自己告诉自己。比如以下这些谎言：

· 我买不起。
· 这事我做不到。
· 我永远也富不了。
· 我不够聪明。
· 太费劲。
· 等我有钱了再投资。
· 等我更有空的时候再投资。

"我明天开始减肥"，这是让减肥者心爱的一句谎言。为了捍卫《第一修正案》的理念，我们需要允许我们内心的胜者也能自由发言。胜者和败者都重要，都有权利和必要让人们听到它们的言论。这就是言论自由的全部意义所在。

一个练习

我经常强调我们内心的胜者和败者这一问题。在很多方面，胜者和败者之间的战斗常常是决定人生成败的主要原因。

有时我要求人们记下他们内心的败者打败胜者的那些事。这些故事有很多是十分可笑的。因为败者在发言，我们错过了大量的机会或者巨大的机遇，我相信我们全都有这样的经历。

你可以尝试做一下这个练习，那就是把你说服自己放弃争取胜利时的想法详细记录下来，然后花些时间分析导致你产生这些想法和顾虑的原因。

我的一个故事

我这里有很多自己内心的败者取胜的故事。其中有一个故事我经常拿它与人分享。当时是1973年，我要在一座大厦相对便宜的一侧购买一套公寓。我没有在大厦靠海的那边购买价值4.8万美元的房产，而是在靠山的那边用3.4万美元购买了一套相同面积的房产。3年后，如我所料，房地产市场突然兴隆，两边的房子都在涨价，靠海一侧的房子卖价接近15万美元，而靠山一侧的房子可以卖到大约7万美元。如果计算一下，从长远来看，你会发现靠山那侧的房子要贵得多。此外，因为银行只要求10%的首付，购买价格上1.4万美元的差额只需我多交1400美元的首付款。多交1400美元，我就能赚10万美元。相反，我少花1.4万美元，损失6.5万美元，只能赚3.5万美元。

我从这一经历中学到的教训是：首先要查看价值而不是价格。现在，每当我做投资决策时，我总是会想起那次交易。我总是提醒自己：因为我内心图便宜的那个人在说话，败者赢了。

我学到的其他富有价值的教训是：当我感到害怕或怀疑自己时，我内心那个败者的说话声音会更大。现在，每当败者开始讲话，我就要提醒自己也要开始听听我内心胜者的声音。虽然那次投资我并没有赚到原本可以赚到的那么多钱，但教训是无价的。

这是我个人所经历的内心败者战胜了胜者的许多故事中的一个。重要的是要吸取教训。当我们从赔钱的人身上吸取教训，而不是因为赔钱责怪其他人的时候，我们才会对进入我们大脑的信息的管理负起更大的责任。如果你能做到这些，胜者最终会取得胜利。

第七章

询问赌钱人

"不要坐在赌桌边数钱。"

——一位职业赌钱人

最差的投资建议

因为做长期投资，数百万人损失几十亿美元。做长期投资可能是最差的投资建议。

你的钱何时才是你的

富爸爸说："职业投资者需要知道3件事，即1.何时进入市场；2.何时退出市场；3.如何把他们的钱从'赌桌'上拿走。作为一个投资者，你需要寻找一个入市的市场信号、准备一套退市的方案及制订一个离开的时间表。业余投资人会把他们的钱堆放在'赌桌'上，最终输得一干二净。"

我问道："他们为什么会输光了？"

"因为最后市场赢了。如果你只是把自己的钱码在那里，市场会给你点甜头，但还是会全部收回去。"

打破规则

多年以前,那时只有 20 多岁的我想去拉斯维加斯过把瘾。我动身的时候身上所带的钱只够在双骰财博桌旁玩一玩。

每次掷骰子我只下注 1 美元,我赢了几次,也输了几次。突然,我赌钱史上最顺的手风光临,连赌连赢,很快我就赢了 300 多美元。我身边的人开始大喊大叫,为我喝彩,因为他们也在赢。随着我连赢的继续,我开始注意到挨着我的那个人现在下注已经到了几百美元了,而我还在遵守规则,稳扎稳打。我渐渐明白了,他们正在致富,速度比我还要快,而我的手风可是正顺呢。

心生贪婪

贪婪之心顿生。我开始下更大的赌注,明明知道我正在打破富爸爸教我的所有法则,但我手风顺,而且大伙也都支持我。违反规则之后,我突然赢到手 1 500 美元,所以,我再次违反规则,把 1 500 美元全押上,又赢了。即使我的直觉告诉我"从桌子上拿走一些钱吧。还是回到一次只下注 100 美元吧。"此时,我已听不进去了。我继续违规下注,我并没有遵守富爸爸教我的规则——将 2 900 美元装进口袋,而是我把全部的 3 000 美元全押上了。我对自己说:"当你口袋里有 6 000 美元时,那时你就可以求稳了。"这种想法打消了我的疑虑,所以我把 3 000 美元放在赌桌上,继续掷骰子,结果全输了。

输掉 3 000 美元让我心痛,然而,却给我上了有关投资的宝贵一课。虽然富爸爸常说"遵守纪律,服从规则",但我却是通过采取违反规则的方式学到了教训。

赔得更多

许多人却是通过将他们的钱留在"养老金计划"这张"桌子"上违反规则。数百万人将他们未来的理财全都押到"掷骰子"上。即使输了之后,这数百万人仍然继续把钱留在"赌桌"上,期盼着市场会复苏,他们就可以弥补从前的损失。他们会继续作茧自缚,在未来重复着同样的错误。

驱逐赔钱的人

每一个职业赌钱人都知道,当你为了弥补损失而打算继续赌钱的时候,也就到了你罢手的时候了;到了离开赌桌,休息一会儿,寻找新选择的时候了。不幸的是,由于许多养老金计划现有的规则,数百万人上了这张"桌子"就无法离开。如果他们离开"桌子",并且将他们的钱投向别处,养老金计划就会惩罚他们,很多人就是置身于这样的养老金计划之中。

一个赌钱人的忠告

"不要坐在赌桌边数钱。"职业赌钱人都听从这些价值连城的忠告。如前所述,将你的钱放进一个标准的养老金计划违反了3条非常重要的规则,而这些规则是职业赌钱人和投资者必须要遵守的,它们分别是:

1. 只要你把钱放到"赌桌"上,这意味着它就不是你的钱了。只要你的钱参与了赌博游戏,它就不再属于你。

2. 赌钱比数钱还重要。当我在拉斯维加斯赌钱时，只要我把注意力集中到赌钱本身，我就会赢得掷双骰子的赌资。我开始赢钱的时候，我就会从赌钱上分心，开始数钱。当我把赌注提高到3 000美元的时候，数钱变得比赌钱更加重要了。这就是我赔钱的原因之一。

当股市上涨且养老金计划升值的时候，许多业余投资者认为他们有钱了，开始关注钱的数量而不是"赌钱"本身。许多人打开装着他们退休金对账单的信封，看到它们的净值在增加，就认为自己是富人了。许多业余投资者开始购买大房子或汽车，或者把钱从他们的储蓄账户中取出，盲目地将更多的钱投向市场。随着他们资产净值的增加，很多人产生富裕的错觉，并且关注"数钱"而不是关注"赌钱"。

房地产的富裕错觉

当一个人的住房升值后，他也会产生相似的错觉。我经常听人们说："我的房子升值了4万美元。"此时，许多人感到很安全和自信，然后很多人会失去动力，就不会再去想"赌钱"的事。他们计算着自己的净资产，认为他们已经赢到了"赌资"。正是从此时开始，很多人开始负债。

赌钱的真正目的

3. 赌钱的目的是把你的钱从赌桌上拿走，但你仍然还能赌。一个职业赌钱人或职业投资者最终是想用别人的钱赌钱。这就是赌钱的目的。当我把自己所有的钱放在赌桌上的时候，我就远离

"用别人的钱赚钱"这一赚钱的目的了。

四种钱

根据税法规定,收入分3类:劳动收入、投资组合收入和被动收入。① 对于这3种收入,职业投资者需要加以了解。

职业投资者还需要知道下面这4种金钱:

1. 你的钱
2. 银行的钱
3. 税款
4. 租金

资金周转率

职业赚钱人想尽快用庄家的钱来赌。在拉斯维加斯,如果我把自己的钱装回口袋,只用我赢来的钱继续赌的话,这就是一个用庄家的钱赌钱的例子。当我开始把一切都押上的时候,那么在这场游戏中我已经输了,因为我已失去最初赌钱的目的了。我的目的是继续赌钱,不过要用别人的钱赌,而不是我自己的钱。作为一个职业投资者,我想要:

---

① 美国国税局把收入划分为三种类型,分别为主动收入(即劳动收入)、被动收入和投资组合收入。"有价证券的分红和利息收入"通常被称为"投资组合收入"。被动收入是一种只要付出一点努力进行维护就能定期获得的收入,如房产租金等。——编者注

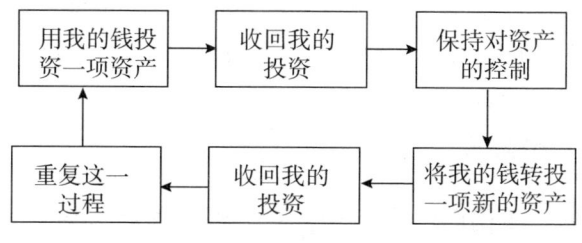

资金周转率示意图

上图演示的是资产的周转和循环过程,即所谓的"资金周转率"。这也是为什么富人会更富、普通投资者却在市场上输个精光。

让我举一个具体例子以便更好地说明这个过程。假设我购买了一处可以出租的房产,它是一套两室两卫的公寓,售价为10万美元,我自己首付2万美元,另外贷款8万美元投入此项资产中。在本例中,假设我钱生钱的现金回报率为10%,每年的净被动收入为2 000美元。在这2 000美元的收入之外,我收到了以折旧和其他开支形式的税款,这些都是虚幻收入。在本例中,10年之后,我只是用租金(2 000×10年=2万美元)就收回了所有的首付款,同时我还拥有此资产,这意味着我还坐在赌桌旁边。

但是,我自己的钱已经从桌上拿走了。我仍然在赌,用的却是银行的钱、税款和租金。我可以将我的钱再投资,比如已经回到我手里的那最初的2万美元,我可以用它购买另外一处房产或投入到企业,而这个过程会继续下去。

在很多方面,我实现了用别人的钱赚钱的目的,但是由于标的资产的升值,赚钱得以继续。精彩之处在于,虽然我的钱已经从赌桌上拿走了(我的初始投资20 000美元已经全部收回),我每

141

年仍然从该资产上收到2 000美元的租金收入。根据金融定义，我的投资回报（ROI）是无穷无尽的。

甚至回报更高

为了进一步说明这个例子，我们假设房产升值到了18万美元。为了遵守税法，我能以房屋净值重新贷款，从银行借到一部分钱，额度不超过升值的8万美元。对这个18万美元的房产再融资，我可以收到7万美元的免税现金（因为这是房产的净值，而不是收入），同时，我还继续拥有和支配这一资产。所以，在10年之内，我会从被动收入中收回我全部的初始投资2万美元，因为它是名义上的折旧扣除，所以是免税的；因为资产升值，我可能还会得到额外的7万美元贷款；而且继续支配这一资产，因为它不断地为我带来被动收入，而我就可以利用这些钱转而投资其他资产。

假设我拿走我的2万美元和7万美元，这表明我的钱已经离开了与第一项资产有关的那张"赌桌"，现在我要用这9万美元购买一项价值45万美元的资产。

总之，10年之后，我控制的初始价值为10万美元的资产现在增值为18万美元，而且我每年从这一房产身上不断地得到至少2 000美元收入。现在我又把9万美元转投到价值45万美元的第二项资产上，从第二项房产身上我每年大约可以收入1万美元。我的下一个目标是利用这些资产重复这一过程：利用重新贷款这一形式，从这两项资产中提取附加的资产净值，转而投资购买价值更高的第三项资产。

在本例中，我从银行借了80%的钱用作财务杠杆。如果你的胆子更大，你甚至可以把财务杠杆的比例增大到90%，并且加速你的资金周转速度。

对于一个旨在保持资金流动（资金周转速度）的投资者来说，这个例子未免过于简单。显然，这些数字全部以存在一个上涨趋势的房地产市场为先决条件。如果市场不景气或者下跌，这些计算也就失效了。

停车，拉手刹

每当我听到有人说"我没有负债""我只是把我的钱存到一个账户里放长线钓大鱼"，或者说"我想拥有自己的资产，却不想受债务的牵累"时，我理解的意思是：投资者用他们的钱投资了一项资产，或者把他们的钱放到了养老金账户中，这就相当于给车辆（资金）拉起了手刹（放在账户中不动），然后开始数他们的钱。许多人满足于投资没有负债，或者因为资产净值增加了而感到高兴。这些投资者可能认为这是一种保险的投资方式，但对于职业投资者来说，这是一种风险很大、时间很长的投资方式，而且投资回报率很低。

如何更安全地获得更大的回报

当有人在某项投资中没有负债或者没有高额的资产净值时，我经常要求他们计算一下他们的净资产收益率。在多数情况下，他们的投资回报率很低。在一项投资中不负债，也没有获得很高的资产净值，这说明他们没有利用银行的钱或者别人的钱，也就是没有利用可以利用的财务杠杆。换句话说，投资中你的钱占用得越多，则投资的回报率就会越低；投资中你的钱占用得越少，而且占用别人的钱越多，那你的回报率就会越高。

我并不是说一种方式优于另外一种方式。更高效的财务杠杆会加速你的投资回报，并且加快资金的积累。不过，利用高额的举债来投资，投资者需要有较高的理财素养才行。

更快地致富

职业投资者的目的是尽快地把自己的钱从"赌桌"上拿走，转投另外一项资产，由于领悟了这一目的，再加上资金周转速度的提升，职业投资者得以更快地率先致富。富人更富的原因之一就在于他们的钱是流动的。大多数人则将他们的钱藏在家中或者放到他们的养老金账户中进行长期投资。

更安全的投资方式

为什么把你的钱留在"赌桌"上做长期投资风险非常大呢？答案可以从牛顿定律中找到。牛顿第三定律的内容为：两个物体之间的作用力和反作用力，大小相等且方向相反。将你的钱留在"赌桌"上就会让你的钱遭受易变的自然力量的摧残。当我连赌连赢且赚到3 000美元的时候，我忘记了自然规律，忘记了"神龟虽寿，犹有竟时"，我是不可能长赌不输的。因为我不知道我的手气什么时候会跑掉，所以，越早把我个人的钱从赌桌上拿走，我就会越安全。

偶尔，我会带朋友去参观我太太金和我通过法人实体的形式所控制的一些建筑物。当我的朋友留心它们的物理结构时，我在心里转动的却是这些房产的财务结构。如果我们能控制资产，并且从中获得收入，却不占用我们一分钱，我的脸上通常就会露出灿烂的笑容。在我们看来，这是最适合投资的房产。因为我们几乎没有什么可以失去的，而且我们的钱正在其他地方发挥作用，所以，在我们的心中，这些收入基本上是活钱，我们的投资面临的风险非常之低。

"资金周转率"这一概念在所有的资产投资中都可以被应用。我们最初出资1 000美元就开办了富爸爸公司，仅仅几年的时间，它就创收几百万美元，产品远销到世界各地。我们的成长乃是得益于利用别人的钱。我们有几位战略合作伙伴，他们为我们产品的制作和发行提供资金支持，我们所做的只不过是收取版税而已。我们的出版合作方涉及50家国际出版商，它们在各自的市场翻译和发行富爸爸的系列书籍和游戏。与我们单凭一己之力努力闯市场相比，借助他们的关系和发行渠道，我们在传播富爸爸的投资理财方面取得了更大的成功。

在股市投资方面，一旦我们的股票一路领先，我们就开始将我们的钱从"赌桌"上拿走，用房租或从市场上赚到的钱继续将"赌博"（投资）玩下去。职业投资者的投资可能是长期的，但他们的钱却是短期内收回的。

多久才算长期投资

每当听到有人建议我"要做长期投资"时，我常常会问他"多久才算长期"。在商品期货交易中，长期可能就是30秒；而若投资某些房地产或企业,长期可能意味着几个世纪。

为什么了解投资的期限很重要?这是因为所有的市场都是依据自然规律运转的,也就是说它们会上涨,也会下跌。只花钱投资而不关注市场的涨跌并不是一种聪明的投资战略。

在本书的第二部分,我将更加详细地讲述"20—10—5"投资周期。现在我简单地解释一下"20—10—5"周期以及它是如何影响"赌钱"游戏的。尽管很多投资者并不相信"20—10—5"周期趋势的存在,却有其他的投资者在密切关注它。简而言之,这一理论声称股市会受到人们的青睐长达20年,20年过后,股市进入一个10年的暴跌期,像黄金、白银、房地产、石油、天然气和大豆这些期货会升值。"20—10—5"循环中的"5"表示每隔5年就会有一些悲惨的事情发生,比如1987年的股市崩盘,或2001年9月11日那次死伤无数的恐怖袭击。

事情变化的征兆

虽然我不会根据这一循环来设定我的投资计划,但留心这一循环是非常有用的,在为它可以不断地提醒我市场是变化无常的。它也提醒我要在不同的市场中寻找投资机会,而不是一味地返回已经干涸的水井。

2000年至2003年,由于20年的股市循环接近尾声,数百万投资者在股市上赔了钱。许多投资者没有遵循"20—10—5"周期,继续在股市上守株待兔,而不是转而进军期货市场。据报道,1996年,沃伦·巴菲特主动停止在股市的投资,悄悄地转移到了期货市场,开始投资白银这样的硬资产。1996年,我也脱身离开股市，进军石油和黄金市场。为什么？因为市场周期正在发生变化。就像是月亮会有阴晴圆缺一样，任何市场都不是一成不变的。

长期等待

数百万人在股市上损失惨重，却仍然坐等股市和他们的股票价格反弹。这是在白费时间。虽然股市最终会东山再起，但是让他们赔钱的那个市场已经远去了。如果人们在人生的第四季赔掉了他们的养老金，他们要等10年才能等到下一个牛市，他们损失的可不仅仅是金钱。他们不是在做长期投资，实际上他们是在做长期等待。

在本书的第二部分，我将详细阐述我是如何利用"20—10—5"周期帮助我赚钱的，而不是与市场周期不同步，进错了市场，自己的钱却还留在"赌桌"上没有拿走呢。

肯定赔钱

明明知道早晚有一天自然的力量会给你来一个釜底抽薪，还要做长期投资，这对我而言没有任何的意义。如果你注意观察某些人的赚钱比赛，并且假设他们在25岁时开始投资，期待40年之后即在65岁时退出投资。这就意味着很多人将他们的钱留在"赌桌"上长达40年之久。如果"20—10—5"周期多少有些准确的话，按照这种长期投资计划来投资最终肯定会赔钱的。如果股市在20年里时涨时跌，那么，这种盲目的、长达40年的长期投资无疑是给自己安排了一个自杀性的任务。在这40年里，几乎可以肯定地说，你会有一次赔钱的经历，可能两次，甚至更多次。

为什么飞行员会背着降落伞？

作为一名佛罗里达州彭萨科拉（Pensacola）海军飞行学院的飞行学员，我们最先上的课程不是飞行，而是用降落伞降落，而且是必修课。我们必须学会如何跳出飞机，并且在水上或者陆地上着陆。为什么要在飞行员学习飞行之前教会他们降落呢？答案再明显不过了。

多数养老金计划声称：如果你提前退出养老金计划，将你的钱取出，你会受到罚款。它们这是在把你铐在飞机座位上，而不是给你一顶降落伞。在市场崩溃期间，许多小投资者并不了解他们的"飞行员"正在打开降落伞，向一个安全的地方降落下去，而这些小投资者却被铐在了自己的座位上，这些飞行员指的是共同基金公司的总裁、公司的首席执行官和其他享受特殊待遇的内部知情人。

我没有401（k）计划，理由之一是我就是一个飞行员。我宁愿背着一顶降落伞，也不愿意带着一副手铐。

共同的错误

大多数人将他们的钱存在一个地方不动，而不是让它们周转起来。他们将钱存放在银行、养老金计划或者他们经纪人的办公室里。富爸爸教育他的儿子和我要让我们的钱不断地流动。我们受到的教育是：如果我们不投资企业，就要投资房地产。如果房地产市场不理想，我们就转移资金，购入对冲基金或者股性活跃的股票，以期获得短期收益和流动性。富爸爸不喜欢他的钱闲置，他希望自己的钱为他拼命赚钱、快速周转并尽可能地保证自身的安全。他知道市场是变动的,因此他希望让自己的钱不断地流动。这就是他花费大量的时间寻找新的投资项目,并把他的钱投入进去,最终再全身而退的原因。

当我听到人们说"我的资产净值增加了"或者"我的房子升值了",这些人就是那些经常坐在赌桌边数钱的人。他们的钱仍然处于赌博之中。富爸爸说:"你的钱应当运转起来,而不是搁置不动。如果你的钱搁置不动,你就不会获得净资产的收益。"

现在,金和我都不知道我们的资产净值有多少。当记者采访时问我们"你们的净资产是多少"时,我们只能告诉他们"不知道"。我们是这么说的:"我们可能不知道自己的净资产有多少,但我们却知道自己的现金流动得有多快。"

当记者问"为什么你们不关心净资产"时,我给出了两个答案。答案一:在我有多少净资产这个问题上说谎,对你和对我自己来说都很容易。答案二:我不关心我有多少资金被搁置,我只关心我的资金有多么的卖命,它的周转速度有多快,以及下一次我要把它转投到哪里去。这就是为什么我想尽可能多地了解所有的资产种类,而不是只了解一种资产。例如,如果某时房地产价格高昂或者我不能找到很多可供投资的房地产,我会将我的资金转投对冲基金,获得一个额外的25%的回报,直到我看到房地产市场发生了变化或者出现一个投资企业的机会,我再撤回资金。在我的投资世界里,资金周转速度和安全性远比资金数量重要得多。

本章最后一个教训是:永远不要忘记赌钱的目的是"把你的

钱从赌桌上拿走,并且还能继续赌下去"。这是每一个赌钱人都知道的事情,也是每一个职业投资者努力追求的目标。只有业余投资者才会将他们的钱放入养老金计划中,并且"停车,拉起手刹"。

让你的钱加速周转的例子

假设你有 2 万美元可以用来投资,此时你有以下 3 种选择:

选择 1:用 2 万美元购买共同基金,年收益为 5%。7 年后,你的 2 万美元可以增值到 2.8142 万美元,前提是没有市场波动。

选择 2:从银行贷款 18 万美元,再加上自己的 2 万美元,购买一处租赁性房产,让你的净资产替你还账。前提是租金收入仅仅与你的开支持平,而且房产每年以 5% 的比率升值。

假设不存在市场波动,7 年后,该房产价值 28.1 万美元,你的资产净值为 10.142 万美元。

选择 3:从银行贷款 18 万美元,再加上自己的 2 万美元,购买一处租赁性房产。你没有让净资产替你还账,而是每隔两年将升值部分通过再融资加以变现,用它们支付 10% 的首付款,再购买一处新房产。

假设市场波澜不惊,7 年后,你的房产总值将达到 202.2218 万美元,你的资产净值为 27.3198 万美元。

2 万美元投资概要

	资产净值	平均年度回报率
选择 1	28 142 美元	5.8%
选择 2	101 420 美元	58.2%
选择 3	273 198 美元	180.9%

选择 1 和选择 2 是人们将他们的钱搁置不动的例子。

选择 3 是人们将他们的钱加速周转的例子。

特别感谢汤姆·惠尔赖特（Tom Wheelwright）对本章及本书的贡献，他目前从事注册会计师工作，并在富爸爸公司担任财务顾问一职。

第八章

询问牛顿

"两个物体之间的作用力与反作用力大小相等且方向相反。"

——艾萨克·牛顿（Isaac Newton）

苹果总是从树上掉落

当我在学校读书时，我的老师说过："因为坐在一棵苹果树下，艾萨克·牛顿发现了万有引力定律。当苹果砸到他的头上，他领悟到苹果总是落向地球，从来不会飞向天空。"

当股市一路飙升时，很多人似乎真的认为大自然废除了万有引力定律。每当我听到某人说"这是新经济"时，他们也就是在说"苹果再也不会从树上掉落了"。

富爸爸常说：我不知道历史是否会重演，但我确实知道一代又一代的新投资者总是会重复同样的错误。他们常犯的两个共同的错误是：

1. 他们将自己的钱留在赌桌上的时间太久了。
2. 当市场火爆时，许多人心生贪婪，忘记了自然规律。

两种错误均会让这些投资者付出高昂的代价。

谁在赔钱

因为违反了自然规律,数百万人才会损失几十亿美元。他们违反的一个主要规律或原则就是牛顿第三定律:两个物体之间的作用力和反作用力大小相等且方向相反。说得更简单些,万有引力定律表明"花开终有花落时"。

由于将自己的钱长时间地留在"赌桌"上,并且放入像401(k)计划这样的投资工具中,而且如果不接受重罚,他们还不允许你退出401(k)计划,普通投资者违反了自然规律,因此让自己陷于赔钱的境地。

另一方面,职业投资者知道尊重和利用自然规律。就像很多人的所作所为,职业投资者若违反自然规律做事,则大自然会取得胜利。这就是职业投资者为什么不愿意听从理财推销人员的理财建议。相反,他们遵循自然规律,也就是说他们关注市场行情。

关注行情

为什么资金周转速度非常重要,很大的一个原因就是市场行情总在不断地变动。富爸爸鼓励他的儿子和我投资不同类型的资产,并让钱在它们之间流动起来,而不是只在一类资产(比如纸资产)内实行多样化。如果我从投资的企业中可以获得较高的回报,我就把钱转移到企业。如果房地产出现了机会,我就会进入房地产市场。如果我有多余的现金,需要给它们找一个临时"下蛋"的窝,我就会把它们投向纸资产,比如对冲基金或者免税债券（票面利率至少为7%）。我的钱很少存入银行，尤其在目前的利率水平下绝不会这么做。以低利率存入银行的钱是注定要赔的，因为它的价值会被税收和通货膨胀削减掉一部分。同时存入银行的钱也是不拼命为主人赚钱的钱，这就意味着我必须要拼命赚钱。

正如前面的章节所述，我打算成为一个投资者，这就意味着我要调动资金购买资产，然后再将我的钱撤出，同时还能拥有这份资产。由此看来，商人购买和出售资产只是为了钱。多数情况下，我仅仅是调动调动我的资金罢了。

我知道大多数理财顾问会说这是一种有风险的策略。让我来解释一下为什么它确实没有风险，前提是你要有投资各种不同类型资产的经验和训练。投资不同类型的资产比投资一般的养老金计划的风险要小，理由之一是我尽快地取走了我的本钱，而不是将它们留在"赌桌"上。这表明：如果市场崩溃，或者我犯了一个可怕的错误，资产会受到损害，但我的现金已经被转移了。

我的投资目标就是购买资产，并且让我的钱流动起来。

你的现金流动得有多快

1996年，当时黄金的价格大约在每盎司280美元，美元却强势依旧，我开始将美元换成金币。到了2003年，当黄金价格达到每盎司380美元的时候，为了收回我全部的现金，我卖出了部分金币，但我手中仍然保留着相当数量的金币。如果黄金没有升值，我的现金则以有形资产的形式存在，仍然安全，因为我购买金币时，黄金价格低而美元价格高。当市场行情发生改变，黄金价格上升，而美元价格走低时，美元和金币就要交换一下位置：卖出金币，换回美元。

如果你喜欢学习更多有关资金周转率的知识，定期玩一玩我的《富爸爸现金流》游戏就好了，或者登录富爸爸网站（richdad.com）玩在线游戏。很快你就会开始明白应该如何加速你的资金周转速度。《富爸爸现金流》游戏为玩家融合了诸多关于"资金周转率"的知识。如果你的资金具备一定的周转速度，你就可以将它们从不利的行业中提取出来，赶在下一个市场提速之前，投入这个新的市场。

用多样化对抗行情

几天前，我听到一则电视广告中说"投资者策略的第一条就是多样化"。对于业余投资者来说，这可能是正确的，但却不适合职业投资者。在我看来，多样化只是一些推销说辞，目的是促使普通投资者购买更多股票和共同基金。这就好比你见到一位二手车经销商并且对他说："我要是买了辆破车怎么办？"这位二手车经销商会很自然地告诉你："我建议你多样化购买。买6辆车，而不是只买1辆。这样的话，如果有一辆车是破车，你仍然可以按时上班。"

亦友亦敌的行情

如果多样化不是投资者的第一策略，那么什么才是呢？答案是"行情"，因为行情是通过市场反映出来的自然规律的运动情况。职业投资者经常说："行情是你的朋友。"富爸爸的说法是："行情可能是你的朋友，也可能是你的敌人。"1980年至2000年期间，股市的行情是牛市，一直在上涨，因此赚钱很容易，只要把你的钱投入股市，就像变魔术一样，资产的价值肯定会上升。但是，到了2000年3月，行情突然掉头下跌，没有跟上行情变化的投资者损失了几十亿美元，即使他们在纸资产范围内进行了多样化投资也难逃这一厄运。

谁掏走了他们的钱

如此众多的投资者损失了如此多的钱，原因有很多。其中一些原因如下所述：

- 他们没有注意行情变化。
- 他们把自己的钱留在了"赌桌"上。
- 他们的一些投资计划将他们拴在了"赌桌"上。
- 他们的顾问水平太臭，没有告诉他们要离场。
- 他们不知道其他的投资种类。
- 他们继续把自己的钱留在同一类资产上不动，等待着行情的上涨。

留心行情变化

本章将标题设定为"询问牛顿"，乃是因为所有的行情都遵循自然规律。富爸爸教导他的儿子和我要密切注意行情变化。他曾经对我们说过："就像你确实能看到一个涟漪在一个平静的池塘里扩散开一样，一位职业投资者能够看到市场中的涟漪，并据此采取行动。如果你能及早地采取行动，涟漪就会帮助你。如果你无视涟漪，涟漪就会伤害你。"

在目前情况下，注意行情变化，而且不违反自然规律，这比以往任何时候都要重要。下述行情变化是我现今观察到的市场趋势，并因此做出我的某些理财决定。如果你观察到了这些行情变化，那你赚钱的机会就会大增，而不是赔钱没商量。

趋势观察之一：人口

19世纪法国哲学家奥古斯特·孔德（Auguste Comte）说过"人口统计学是天命"。尽管美国的房地产市场也会经历繁荣和萧条，但我对投资房地产仍然持乐观的态度，这是因为美国的人口数量在不断地增长。2000年，美国进行的最近一次人口普查结果表明：美国总人口达2.81亿。人口统计学家预计：到2025年，美国人口将达到3.5亿，最高可达到4亿。

为了让你对美国人口增长得有多快有所认识，我列出以下数字以显示其发展趋势：

1867年   0.37亿人
1900年   0.76亿人
2000年   2.81亿人
2025年   3.5亿~4亿人

如果到2025年美国人口接近上述预计数字，你认为房地产的价格会发生什么变化？如果你认为今天的价格昂贵，我敢打赌，到了2025年，房地产的价格会更高。

另一方面，日本的人口在下降。2001年3月国际货币基金组织《金融与发展》(*Finance & Development*)刊登了一篇标题为"日本人口老龄化给财政带来的挑战"的文章。根据这篇文章所述，到2025年，日本老年人和处于工作年龄阶段的人在数量上的比例为1∶2。文章还提到：

> 在可预见的将来，人口的变化将是日本社会一个最典型的特征。人们本来预期进入本世纪时日本人口会继续保持健康状态，但人口出生率的下降导致人口快速老龄化及人口总量锐减，从而打破了人们之前的预期。这种显著的人口结构的变化有可能产生深刻的社会和经济意义，包括一段时间内产出的增长会更加缓慢。公共债务债台高筑，再加上逆向的人口动态，对政府的回旋余地形成越来越大的挤压，专家建议日本必须进行强有力的政策调整，将公共财政重新置于可持续发展的基础之上。目前在养老金和医疗保健方面进行的改革是朝着正确的方向迈出的重要一步，但是，需要实施进一步的改革措施以避免个人所得税和政府转移支付的大幅增加，而政府的转移性支出会歪曲激励性措施，并且阻碍经济的发展。

如果有关两个国家的这些预测成为现实，你认为哪个国家的房地产更值得投资呢？

趋势观察之二：债务

政府和个人的债务激增，其中一个原因就是几十年前美元就是现金。小时候我会盯着美元纸币瞧，在纸币的顶端印有"银币券"（Silver Certificate）字样。这表明美元是用白银或黄金这样的有形资产支持的现金。1971年8月15日，尼克松总统宣布美国不再将美元兑换成黄金，因此，今天的美元在其顶端印有"联邦储备券"（Federal Reserve Note）字样。这意味着美元不再是由贵金属支持的现金了。今天的美元则代表了"债务"，它是负债，是借据（IOU），是防备美国政府无法还账的留置权。

为什么富人会更富

美元从以白银和黄金这些贵金属为支撑的世界准货币到如今成为债务的这一改变是导致贫富差距扩大的主要原因之一。一旦美元变成了债务，政府和大企业不得不鼓励所有人开始负债。今天，如果老百姓不负债，整个经济就不能扩张。如果老百姓不能承担更多的债务，那么经济就会开始萎缩。这就是为什么观察这种趋势非常重要的原因所在。

20世纪50年代至60年代，美国确实是一个中产阶级国家，它与美国热播电视剧《交给比弗吧》（*Leave It to Beaver*）所描述的世界很接近。尽管受过良好教育的职业人、中层管理者和大学教师常常声称他们的工资比加入工会的蓝领的收入还要低，但人们还是认为存在着社会公平感。

1971年之后，美国的中产阶级开始日益消失。那些收入增长率大于通货膨胀率的人生活得很好。那些为美元而工作的人（工薪族）因不懂得投资理财而让自己在挣钱能力方面开始落后于人，并且因个人负债使得自己与富人之间的贫富差距扩大。

今天，数百万人的债务负担更加沉重。因为贷款人的信用记录中添加了许多污点，所以，手续简单、利率较低的信用贷款不可避免地产生了副作用，那就是破产、房产止赎等事件频发。随着经济的增长，对于那些继续辛苦工作挣钱并且受过很少理财教育的人来说，他们的生活成本也在增长，这让他们感到害怕。

两份工作：一份是自己来做，另一份让你的钱去做

至于为什么我要问："是不是到了在我们的学校里开设财商课程的时候了？"其实还有另外一个原因。太多的年轻人在他们离开学校后开始走上一条错误的理财道路。如果他们稍微知道一点有关金钱、资金管理、税收、信用和投资的知识，他们就有更大的机会过上更好的生活。

现在，我们全都需要有两份工作，一份是由我们自己干，另一份则让我们的钱为我们效力。举例来说，我是个作家，这是我的职业，当我写书挣钱时，我的钱还要在房地产领域为我打工。如果孩子们知道政府向工人的体力劳动收取的税收大于向金钱的理财劳动收取的税收，他们可能会受到更大的激励，并且要让他们的钱为他们更加努力地赚钱。

在我看来，没有太多的人关注1971年美元价值的变化，这导致了其中一个最大的涟漪效应在世界范围内的扩散。一旦美元不

再与黄金挂钩，贫富之间的差距就会加速扩大。为什么富人会变得极其富有，而穷人和中产阶级却成了穷忙族，沉陷债务泥潭，还要缴纳高额税收？美元价值的变化是其中一个主要的原因。

"印钞"而不是为钱卖命

正如你每天去工作，而你的邻居却坐在家里，只需启动他们的"印刷机"就能"印制"钞票，而不是像你那样为钱卖命，用债务而不是用硬资产支持美元具有同样的效果。因为这个邻居正在"印制"的钞票使得你工作所获的钞票变得越来越不值钱，你就要越来越努力地工作。当数百万人辛苦工作，并且缴纳更多税收的时候，许多当权者却可以通过玩弄货币游戏让那些遵守规则的人的情况变得更糟。

为了赶上通货膨胀的速度，弥补工资增长的不足，并且时不时还要和周围的人互相攀比一下，数百万人不得不背着债过日子。

债务为何增加

在美元脱离金本位制后，美国债务开始增多。因为美元不再是一种资产，而是一种债务票据，为了让现行货币体系得以运行，人们和企业必须承担越来越多的债务。如果人们和公司停止贷款，整个联邦储备体系就会停止增长，开始发生内爆。

下表反映的是债务的增长及其占国内生产总值（GDP）的比重。尽管此表显示美国的负债在逐年增加，但贷款机构还在寻找新的途径让人们增加借款。

我们中大多数人都听过汽车经销商的广告："即使你有恶性

债务，并且资不抵债，也丧失了抵押品赎回权，请进。我们会帮助你解决你的信用问题，如此一来，今天你就可以开走一辆新车了。"

永远要记住：因为货币现在是负债，而债务必然会增加。问题在于，如果债务增加是作用力，那么，相等且方向相反的反作用力是什么？而且，如果人们停止承担越来越多的债务，又会发生什么情况？

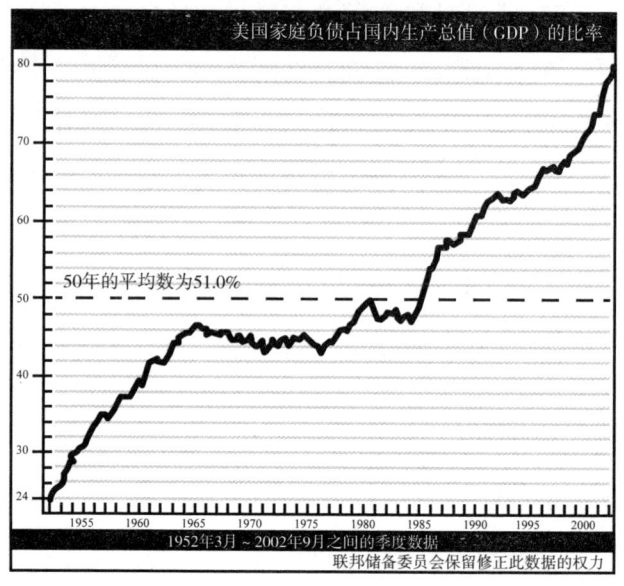

10 亿美元是多少

经常被人问到的一个问题是："我们如何偿清国家债务？"因为普通美国人的年工资收入不足 5 万美元，大多数人对 10 亿美元是多少很难有个概念。下面对 1 百万美元、10 亿美元和 1 万亿美元做一下比较。

如果以 1 秒种数 1 美元的速度开始数美元的话，你要用 12 天的时间数完 1 百万美元，32 年的时间数完 10 亿美元，31 688 年的时间数完 1 万亿美元。

我们将如何偿清所有这些债务？谁要为此买账？如果这种趋势持续下去，美国将会出现什么情况？

我的"水晶球"预言道：解决过多债务的办法就是印制更多的钞票。而印制更多钞票的原因就是用更便宜、更没有价值的美元偿清政府的债务。如果事情真的发生了，这就意味着你的存款将会越来越不值钱，大多数人不得不努力工作，仅仅是为了追赶上生活成本的步伐。如果因为你的美元越来越不值钱而导致价格上涨，这就是所谓的"通货膨胀"。当通货膨胀发生时，债务人就是赢家，而存钱的人就是输家。

如果发生过度的通货膨胀，你还有退休的资本吗？仅仅是将你的钱用做长期投资，投进去就不动，同时希望你的共同基金经理赢得与市场和通货膨胀的赛跑，你能经得起这种折腾吗？

通货紧缩来袭将会怎样

当然，通货膨胀可能不会发生，但事情可能会背道而驰，那就表示通货紧缩的降临。我有一位朋友，他于 2002 年逃到了阿根廷首都布宜诺斯艾利斯，当时除了身上穿的一件衬衫外，他两手空空。他说："有一天我富了，而第二天我又穷了。有一天我的房子值 45 万美元，今天它可能就值 4.5 万美元，而且我还得找到一个买主才行。"他最后说的话是："让我感到吃惊的是'怎么变化来得这么快'。我们没有看到任何的预兆。一觉醒来,整个世界都变了。虽然阿根廷的社会状况不同于美国,但在涉及我的利益方面,两者是相似的。"

负债比受穷更糟

1929年股市崩盘之后,政府停止了货币供给。换句话说,没有了货币,而大萧条还在继续。在我看来,货币供给被终止是因为在那些日子里货币就是现金,之所以是现金是因为它是由贵金属支持的。作为一个国家,我们仍然处于金本位体制下,因为货币是现金,所以,每当出现忧虑或怀疑,现金就会躲藏起来。

2000年,当股市崩溃时,美国联邦储备委员会不是停止货币供给,而是向世界投放大量的货币。我们不可能再有20世纪30年代经历的那种萧条,这是因为今天非常容易就可以负债。大萧条时期,信用卡还没有出现。问题在于,因为存在很多假币和债务,许多人的财务状况比受穷还要糟糕。今天,数百万人背负了沉重的债务,这意味着我们处于另一个不同的经济大萧条之中。拥有大量物质财富,但却债务累累,我们患上了情绪抑郁症。

正如牛顿第三定律所述:两个物体之间的作用力与反作用力大小相等且方向相反。"你想成为一个更好的投资者,只把自己很少的一点钱留在"赌桌"上,理由就是你要为所有这些债务的反作用力做好准备。当反作用产生的时候,那就让你的钱准备好开始流动起来。如果你知道你正在干什么的话,那就趁房地产便宜的时候下手吧,它会提高你的资金周转率的。

趋势观察之三：利率

在 2000 年 3 月股市下跌之时，美国联邦储备委员会降低了利率。股票价格和利率降低的一个反作用力就是房地产价格的上涨。低利率不仅鼓励人们进军房地产，它还惩罚了储蓄者。通过降低利率，政府是在向储蓄者发出一个信号，那就是把他们的钱从银行里提出来，拿到市场上去投资。

信贷员不喜欢储蓄者

大多数人认为储蓄者既聪明又有利，但现实是你的信贷员并不喜欢存钱的人，而是喜欢借钱的人。信贷员宁愿有一个借 1 000 万美元的客户，也不愿意有一个存款 1 000 万美元的客户。理由呢？因为你的存款是你的一项资产，却是银行的一项负债。这意味着银行要通过借出你的钱赚到更多的收入才能弥补持有你的钱所带来的支出。较低的利率鼓励越来越多的人去贷款而不是去存钱。问题是：如果利率上调了会发生什么事情呢？

20 世纪 70 年代后期和 80 年代初期，随着黄金、白银和石油价格的上涨，利率在再次调低之前升幅超过了 20%。这种情况会再次发生吗？只有时间可以说明一切。如果经过多年低利率经济环境之后，钟摆向相反的方向摆动，利率开始再次攀升，那就做好迎接经济巨变的准备吧。

我为什么认为利率最终会上调呢？还是因为牛顿第三定律。我的"水晶球"感觉到：美国政府只能印制越来越多的货币，以避免经济陷入债务危机。如果政府过度印制钞票，对那些为钱而工作的人来说将会是雪上加霜。美国人的一个最大的损失就是他们的货币贬值了，不仅是股市下跌，美元的价值也在下跌。与其他国家的货币相比，美国人额外损失了20%的财富。为什么关注通货膨胀、利率、金价和政府债务如此重要，原因可想而知。

趋势观察之四：旋进和时滞

当一块石头被投入水中时，不只是出现一个相等且方向相反的反作用力，而且还会产生一个呈90度的反作用力，这就是我们看到的在池塘中荡漾开来的涟漪。这就是一个关于"旋进"①的例子。从石头击中水面直到涟漪碰到对岸这一时间上的延迟就叫做"时滞"②。这两者都是普遍的自然法则，或者说是自然规律。

旋进和时滞之所以重要，原因在于很多投资者只观察到了石头的作用力，却没有观察到整个球形形成时滞的反作用力。举一个简单的例子，那就是开着汽车的司机看到了他前面的汽车，却没有看到在他侧面朝他驶来的火车。

旋进和时滞法则之所以重要，乃是因为你可以对市场有一个更为长远的考虑，而不是一分一秒地盯着看。例如，当你看到人口的发展趋势，你就可以相应地规划你的房地产投

---

① 旋进又称"进动"，指的是一物体以一定的角速度自转，同时自转物体之自转轴又绕着另一轴旋转的现象。常见的例子为陀螺。当其自转轴的轴线不再呈铅直时，会发现自转轴会沿着铅直线做旋转，此即"旋进"现象。另外的例子是地球的自转。——编者注

② 时滞是时间滞后的简称，是指某一行为从启动到产生结果的时间段，可以用"一个瞬间"或"一个动作时段"来理解此术语。——编者注

资。当房价上涨时，你不必惊慌，可以耐心地等待，要知道从长期看，房价在再次上升之前会重新下降。当我和妻子金在1992年搬到亚利桑那州凤凰城居住时，我们就是这么做的，因为凤凰城是美国发展最快的大城市。从那时开始，凤凰城一直是美国增长速度最快的城市之一。

谈到我的企业时，我同样以更长远的眼光来看待其发展趋势。随着婴儿潮一代人离退休年龄越来越近，而现实情况是没有留存足够的钱用于迎接退休潮的到来，对理财教育的需求将会只增不减。我没有把时间花在创办拥挤且成熟的行业上，比如汽车业和航空业，我宁愿花时间建立一家就长期而言来看大众对其产品和服务的需求也是只增不减的企业。

小型个人企业的增多

因为人口老龄化和大量公司裁员的发生，人们开始认识到工作保障成为一个神话，他们的401（k）计划和其他养老金计划不可能提供长期的理财保护。我认为创立小型企业的趋势将会迅速增加。当许多中层经理人寻求再次就业的努力失败之后，他们就会成为自雇主，开始为自己打工。

这种趋势将是人们创立新的企业、加盟特许经营连锁店或者在像网络营销这样的行业中考虑创业。我经常提及网络营销公司，因为它们对于想创业的人来说，其进入门槛很低，同时还能为创业者提供富有价值的培训和辅导。请记住，虽然有这些好处，但在加入任何网络营销团队或购买任何特许经销权之前，进行审慎的调查评估永远是第一要务。

建立一家成功的企业使得人们得以控制他们长期投资的安全性。

趋势观察之五：财商

我已经学会的一个重要的趋势观察是"我的钱和我的财商之间的关系"。当我 20 出头时因为投资企业和房地产非常走运，转眼致富，我打心眼里认为我就是一个理财的天才，我确实认为：因为我的收入在增加，所以我的财商也会水涨船高。我再次违反了牛顿第三定律。我的财商非但没有随着我的收入增加而提升，反而开始走下坡路。

虽然这是一个痛苦的教训，但我开始意识到：在理财上我越成功，越需要我遏制自负和狂傲心理。我提醒自己要更加心存感激和谦虚，而不是妄自尊大，因为傲慢不是财商，因此我能够继续学习，并且赚到了更多的钱，而不是在市场上全部输掉，这种事我原来做过。我以自己惨痛的经验学到的教训是：不仅我的资金要遵循牛顿第三定律，而且我的财商也不能违反牛顿第三定律。

最后说一句

富爸爸说过："遵守自然规律。永远记住，大自然不会在乎你是百万富翁还是一个穷人。如果穷人和富人都从一幢高楼上跳下，而且不用降落伞，万有引力定律会平等地对待这两个人的。"

第九章

询问时光老人

"每一个投资者都要知道花儿何时开放,以及花期持续多长时间。"

——富爸爸

在纽约就读美国商船学院有一个独一无二的好处,那就是每一个学生要用1年的时间在海上实习,担任运输货物的各种商船的高级水手,航行到世界各地的港口。我在货船、油轮和客轮上度过了很长的时间,我想到拖船[①]上工作一段时间,但从来没有接到过此类实习作业。

在海上实习的那一年,我已过了19岁,但不到20岁,我游历了日本、泰国、越南及塔希提岛、萨摩亚群岛和其他太平洋岛屿。其他同学则航行到了欧洲、非洲、南美洲和大洋洲。虽然我也想航行去欧洲、非洲和南美洲,但我的主要兴趣是在太平洋的岛屿间航行。

---

① 拖船,即设有拖曳设备,专用于拖带其他船只或浮动建筑物的船舶。——编者注

随船远航使得我有了大量的时间可以用来阅读。我不仅按照海上函授课程的要求阅读有关航海方面的专业教材，还阅读有关货币、黄金、伟大的探险者、投资和国际贸易的书籍。这就产生了一个问题，那就是我很快发现自己对货币、黄金、投资、探险者和国际贸易更感兴趣，比对船舶、航海和货物装卸作业的兴趣还要大。

在我接受了富爸爸关于投资的教导，并且在海上用了大量的时间阅读有关货币和投资的书籍之后，我发觉自己越来越难以与周围的同学相处。返回学校后的某一天，我开始给同学们讲我在投资领域学到的东西。

"为什么要浪费时间学习投资呢？"杰夫讥讽地问道，"投资有风险，那是赌博。"

"投资是我的未来，"我为自己辩护道，"我不打算工作一辈子。"

"好啊，我也不想工作一辈子，"杰夫说道，"我打算到一个大轮船公司找一份工作，有一天当上船长，退休后可以领取公司的养老金。我不想为我的退休担心，会有人替我做这些的。"

同学之中有一两个对我已经学到的投资知识感兴趣，但在很大程度上，他们大都把精力放在了专业教育上，而不是理财教育。

身处变革的时代

从1965年一直到1969年我在商船学院读书的这4年间，人们不必考虑投资或退休的问题，这是很正常的事。我那一代人仍然生活在父母的保护伞下，我父母那一代人经历过第二次世界大战，他们大都希望在大公司或者政府机构获得一份工作，因此他们多半不用考虑自己的退休或投资问题。他们还可以依靠社会保障和老年医疗，所以，他们那一代人大多数没有对理财教育、投资或投资组合给予高度重视。当时的教育体系也是按照"会有人负责我们的养老金"这一观念来设计的。今天的许多学校仍然可以在很多方面反映出社会对待金钱的这种陈旧态度。

20世纪60年代到70年代，年轻人的大脑里充斥的是甲壳虫乐队、民谣歌手鲍勃·迪伦（Bob Dylan）、越战和尼克松总统的辞职，而不是投资和退休。我们这一代人正在走向有史以来最反复无常的经济时代，对此我们知之甚少。1971年，当尼克松总统宣布美国脱离金本位制时，实际上是在说"美国政府可以任意地印制美元了"。脱离金本位这一变革所造成的影响极其深远，因为在做出这一改变之前，美元都是与贵金属挂钩的，要么是黄金，要么是白银。今天，美元则是与债务和美国纳税人偿付这一债务的承诺联系在一起，而这一债务数额巨大，并且在不断增加。

最大的变化

在20世纪60年代和70年代，尼克松总统致力于向中国敞开大门。伴随着中美关系的正常化及两国间对外贸易的发展，数百万的美国人因此失去了工作。我支持与中国开展贸易，但我关心的是我们已经失去的那些高薪的制造业工作岗位。在20世纪60年代，当我的一些同学说他们对投资没有兴趣时，这些财经方面的变化还没有发生，而且这些变化造成的影响人们在多年以后都没有觉察到。

然后，中国历经 15 年的谈判，在 2001 年 11 月 11 日正式加入世界贸易组织（WTO）。如此一来，使得一个拥有 13 亿人口的市场融入了全球贸易体系。

非常大的变化

1974 年，杰拉尔德·福特（Gerald Ford）总统签署了《雇员退休收入保障法案》(*ERISA*)，并使之成为法律。《雇员退休收入保障法案》及随后进行的养老金改革具有象征性的意义，因为这一法案向遍布美国和世界的雇员发出了警示，那就是"一旦雇员到了退休年龄，雇主不再对雇员的经济状况承担责任"。

换言之，看一下下面的现金流象限图，B 象限的人现在对 E 象限的人说："你们雇员必须成为 I 象限的投资者。"不管你喜欢与否，养老金的这种变化在未来的几十年里会对我们所有的人产生长期的影响。

问题大得超乎我的想象

2002 年秋，我出版了《富爸爸财富大趋势》（*Rich Dad's Prophecy*），

此书招致财经记者的大量负面报道，这些人都是为华尔街这部赚钱的机器工作的。我期待着批评，但在亲眼目睹这些记者情愿歪曲事实，甚至在他们努力让我名誉扫地，并且想方设法让人们对本书产生不信任感时，我还是感到很失望。

有趣的是，《富爸爸财富大趋势》低估了问题的严重性，虽然它的大部分内容是准确的，但也有不准确的内容。随着时间的流逝及更多真相的泄露，我开始意识到问题要比我想象的要严重得多。

《富爸爸财富大趋势》讲述的是从定额给付养老金计划（DB）到定额缴费养老金计划（DC）的改变。对于那些没有阅读过《富爸爸财富大趋势》的人来说，定额给付养老金计划是经历过第二次世界大战的我父母那一代人的养老金计划。简而言之，定额给付养老金计划保证雇员退休之后及在他们的有生之年可以获得一项固定数量的退休收入，社会保障和老年医疗就属于此类。问题在于，随着开支的上升和全球竞争的加剧，定额给付养老金计划已经变得太过昂贵了。因此，到了1974年，处于B象限的大企业鼓励美国政府通过了《雇员退休收入保障法案》，开始从定额给付养老金计划转向定额缴费养老金计划，也就是说雇员现在要为自己的退休金承担责任了。

定额缴费养老金计划就是这样。雇员的利益取决于雇员和雇主的供款。如果雇员和雇主一点也不供款，或者股市崩盘以及相匹配的供款被抵消了，雇员只能是剩下什么接受什么了，但能不能剩下钱还是个未知数。如果雇员在92岁把钱花光了，这就不像是雇员享受定额给付养老金计划时那样由雇主来承担后续费用了。

在多数定额给付养老金计划和定额缴费养老金计划之间还有一个重大的区别。那些向定额给付养老金计划供款的大型公司常常也会为他们雇员的退休提供有效的医疗福利计划。而定额缴费计划不是这样。如果你发觉健康和医疗保健的成本在上升，你可能就会开始意识到1974年颁布的这项法律引起的变化有多大了。这些退休人员医疗保健的责任被转嫁给了我们都知道的人，你猜对了，就是纳税人！

为什么股市会崩盘

《富爸爸财富大趋势》讲述了1974年颁布的这项法律所带来的改变将会如何导致历史上最大的股市崩盘。股市将要崩盘的原因是全世界有数百万人差不多同时开始退休。现在，就算不是股市行情分析方面的高手，你也会明白：如果人们开始撤出资金的话，股市就会下跌。单单在美国，婴儿潮出生的一代人估计有8 300万，这个年龄段的人在2012年前后开始大规模地退休。这8 300万人并不是所有人都把钱投入到了股市，但几百万人还是有的。此外，《雇员退休收入保障法案》存在一个缺陷，正是这个缺陷后来导致401(k)计划的创建。① 该法律声称当一个拥有401(k)计划的人年满70.5岁时，他们必须开始从个人账户中取款。为什么呢？因为税务部门，也就是美国联邦税务局（IRS）想要征收已经延迟缴纳的税收，本来它们在雇员工作的那些年里就应该缴纳

---

① 1978年美国《国内税收法》新增的第401条k项条款明确了《雇员退休收入保障法案》中"雇主和工会建立团体退休计划"这项规定，所以人们把这项计划称为"401（k）计划"。——编者注

这部分税收。

2016年，第一位婴儿潮出生的人到了70.5岁。估计这个时候也就到了养老金计划这个纸牌搭的房子将要轰然倒塌的时间，将会导致有史以来世界最大的股市崩盘。《富爸爸财富大趋势》无意成为一本预言前景暗淡的书，它是表达由衰转盛的书。本书的后半部分讲的是人们可以在股市之外投资的另类投资。现在你能明白为什么金融机构让它们的记者尽最大努力让我和我的书丧失信誉的原因了吧。

我错了

《富爸爸财富大趋势》写于2000年到2001年之间，在这本书中，我假定定额给付养老金计划对雇员来说更安全和更有利。到了2003年，新闻开始透露出我父母那一代人享受的定额给付养老金计划财务状况也十分糟糕。在《富爸爸财富大趋势》这本书中，我声称拥有定额给付养老金计划的雇员要比拥有定额缴费养老金计划的雇员日子好过。我是大错特错了。许多定额给付养老金计划财务状况糟得很，而雇员并不知情。为什么雇员不知道？因为即使雇员询问，也没有人必须要把养老金计划的情况向雇员们挑明。

什么对通用汽车有利

有一句老话是这样说的："通用汽车好，那美国也好。"通用汽车已经陷入麻烦很长时间了。为什么它会有麻烦？答案就是一个词，那就是"养老金"。

那么，真的是"通用汽车好，那美国也好"吗？是不是到了减少雇员养老金的时候了？或者是到了借越来越多的钱来支付这些福利的时候了？通用汽车和美国政府正在同时面临同样的问题——养老金问题。

时光老人已经动身了

回到20世纪60年代晚期，我大多数同学没有考虑过投资的事。因为他们大都聪明，知道能够在大公司里找到适合自己而且薪水丰厚的工作，所以他们无忧无虑。问题在于，时间在流逝，劳动规章制度也已经改变。正如你注意到的那样，1974年，杰拉尔德·福特总统签署了《雇员退休收入保障法案》，并使之成为法律。此时，我的同学们已经毕业5年了。从那以后，金融环境发生了巨大的变化，对婴儿潮出生的一代人及其后续几代人造成了损失。本章冠以"询问时光老人"的标题，原因就在于时光老人已经动身了。

我想知道我的同学和我的同龄人有多少是与时俱进的？我想知道有多少人在等着股市上涨以充实他们的401（k）计划？我想知道有多少人在为实行定额给付养老金计划的大公司工作，但养老金计划陷入了财务困境而他们却不知情？

拜拜，养老金

如前所述，我不知道如何理解《富爸爸财富大趋势》一书中描写的问题。我也没有搞清楚富爸爸的预言在多大程度上影响了所有的养老金计划，即定额给付养老金计划和定额缴费养老金计划。

2003年3月17日,这一期的《财富》杂志发表了一篇主标题为《拜拜,养老金》的文章,而副标题则是"数百家公司很快要将养老金减半"。这是一篇讨论"为什么定额给付养老金计划可能会最终消失"的重要文章。由于定额给付养老金计划的高成本,文章称"许多公司的确要减少养老金的供款"。文章引用了一位佛蒙特州国会议员说过的话:"我们目睹了一场对几百万工人养老金的大型攻击。"

攻击已经存在。《财富》杂志的文章以一位名为拉里·库特罗内(Larry Cutrone)的人为例,他今年55岁,是从美国电话电报公司(AT&T)退休的一名技术工人,他的养老金从原来每年4.7万美元削减到了每年2.3万美元。你不必是一位数学奇才也能算清楚他的福利被削减了一半还要多。那么,是谁拿走了拉里·库特罗内的钱呢?是改变了养老金计划的公司吗?还是仅仅因为时光老人动身了呢?

这篇《财富》杂志的文章还举了另外一个例子:"在今年2月费城的一个寒冷的日子里,50岁的贾尼丝·温斯顿(Janice Winston)收到了让她倍感温暖的东西,这是她原来的雇主弗莱森电讯公司(Verizon Communications)送给她的高达40万美元的补偿金。这些钱相当于温斯顿在公司29年的工作期间所应得的退休津贴。这要比公司原本希望支付给她的补偿金多了差不多21.5万美元。"

整整7年前,温斯顿的雇主贝尔大西洋公司(后来与美国通用电话电子公司合并,组成弗莱森电讯公司)在其养老金计划上做出了一个极其简单的改变，公开宣布不仅要削减温斯顿的预付退休金福利，而且要削减其他几千名同事的退休金数量。

贝尔大西洋公司所做的就是在福利咨询顾问的劝诱下将陈旧的定额给付养老金计划改为令人兴奋的新型养老金计划——现金余额养老计划（其实，IBM和其他300家大型公司也是这样做的），甚至从它的名字"现金余额"养老计划中我们还能听到金币碰撞时发出的那令人快乐的响声。

该文章继续写道：现金余额养老计划和定额缴费养老金计划（如401（k）计划）的区别在于前者不会受到股市的冲击。对于雇员来说，问题是如何计算退休金。不出所料，现金余额养老计划的计算方法对雇主是划算的，节省了企业在退休金方面的支出，而对于雇员来说，则意味着意外之财的减少。在这种情况下，温斯顿收到40万美元的最终支付，对某些人来说，那听起来像是一大笔钱。但我要问的问题是：她能够恰当地管理这笔钱吗？它能让她度过余生吗？如果她像很多一次性结清养老金的人一样把这笔钱全部损失了，那该怎么办呢？

拆东墙补西墙

雇员和工会高声喊叫着表示抗议此新型养老金计划，他们在尽最大的努力要保护自身享有的定额给付养老金的利益。虽然他们喜欢尖声大叫，但严峻冷酷的现实是雇员的养老金数目实在太庞大了。投资者知道雇员的养老金不仅对企业来说是沉重的，对于投资者同样也是一种负担。所以，投资者经常站在另外一边叫嚷着要降低雇员养老金的支出。不无讽刺的是，现在雇员也是投资者。

那么，是谁把钱拿走了？在很多情况下，它真的就是典型的"拆东墙补西墙"。一方面，雇员想要养老金，但另一方面，同样是投资者的雇员希望公司的利润增加和股价上涨。如果公司的利润由于高额的养老金支出而不能增加，他们的养老金就会减少。那么，是谁拿走了雇员的钱呢？难道是雇员自己吗？难道已经退休的员工正在做对新员工不利的事吗？

定额给付养老金到底有多么费钱

《财富》杂志刊登的那篇文章在最后发出了这样的警告："对于数百万婴儿潮出生的一代人来说，幸运的是他们仍然可以依靠丰厚的退休金过日子，'不要想当然地认为你今天也会这么幸运'。"

为什么那些享受定额给付养老金计划的工人让人感到担忧呢？下表列出了2003年一部分养老金计划资金缺口较大的公司，其缺口资金均以十亿美元为单位：

·通用汽车	−94.7
·福特	−46.6
·IBM	−25.3
·波音	−17.7
·埃克森	−15.5
·杜邦	−13.0
·弗莱森	−13.0

资料来源：公司年度业绩报告（10K）

当你看到这个表的时候，现在你就应该明白了，为什么当我听到有人说"我只投资蓝筹股"时，我会嗤地一下笑出声来。当我考察通用汽车和福特汽车这样的蓝筹公司时，我很想知道，这两个公司必须得卖掉多少辆汽车才能弥补他们几十亿美元的养老金缺口呢？

退休员工的成本有多大

《财富》杂志的《拜拜，养老金》这篇文章指出，这些蓝筹公司目前每年要向已经退休的2 100万名员工支付超过1 110亿美元的养老金。看看这些公司每年要向不再工作的员工支付多少钱吧！如果这些退休员工的数量持续增加，而股市的表现一直是风平浪静的话，我真的不知道这些公司如何让它们的股价可以不断地上涨。

世界性的问题

很明显，很多人永远不可能退休，他们会工作到再也干不动了为止。随着世界人口老龄化的到来，老年人的保障体系成为世界性的难题。据报告，面对如何养活数量越来越多的退休人员这一挑战时，除日本以外，法国和德国的状况要比美国和英国的状况还糟糕。欧洲的工人走上了街头，抗议养老金制度的改革。最近一次在美国和英国发生的同样的抗议距今有多长时间了？在20世纪60年代抗议越战的婴儿潮一代人会成为走上街头抗议养老金改革的人吗？

赢得赚钱比赛

我的富爸爸经常说:"生活就是一场时间和金钱的比赛。"当我在而立之年遇到财务问题之后,他与我分享了他的赚钱比赛示意图。他说:"对于大多数人来说,我们的工作年龄段常常设定在25岁至65岁之间。换句话说,我们大约工作40年。如果你将自己的工作寿命比作赚钱比赛,那么,你可以将这场比赛分成4节,每节为10年。换言之,一个职业橄榄球比赛是由4节组成的,每节15分钟。你的工作年限也是4节,每节10年。"

然后,他拿出黄色便笺纸,在上面写下了下面的内容:

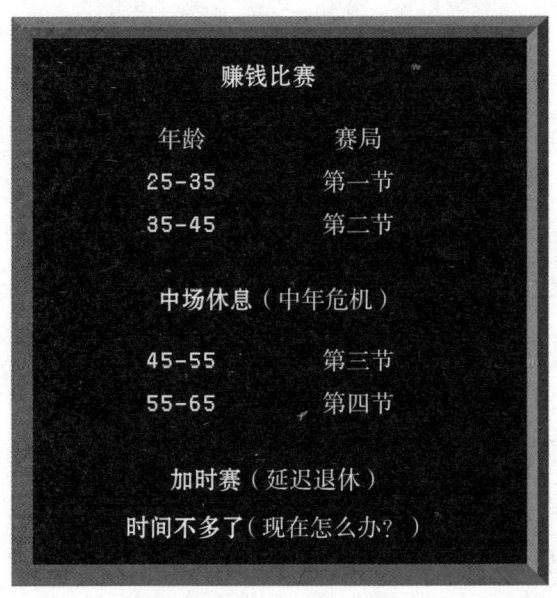

因为我在第一节比赛中的表现十分糟糕,富爸爸为此很是担心。为了用图表更加直接地表明他的观点,他在便笺纸上写道:

第一节（25岁~35岁）

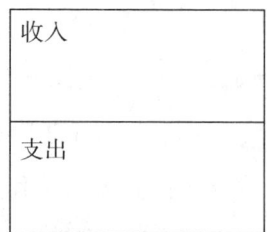

"你已经输了第一节，"他说，"如果你不能有更好的表现，并从失败中吸取经验教训，你这一辈子都会在理财方面一团糟。"

他说得没错。在我赚钱比赛的第一节，我创办的第一家公司赔钱了，负债累累，丢人现眼，即便这样，我仍然还是一个散漫的商人。在35岁左右时，我决定离开夏威夷，理由之一就是因为我必须要把自己的生活理顺一下。25岁到35岁之间，我的生活无非就是玩乐、冲浪、泡妞和想方设法快速致富。我知道我必须要做出一些改变。1984年，在我37岁时，我离开了夏威夷，想重新开始。我离开夏威夷就是为了让自己脱胎换骨。

《富爸爸杠杆致富》这本书讲述的是我在赚钱比赛第二节期间的生活。如果你曾经阅读过这本书，你一定会想起我做出的那个"在10年之内退休"的决定，当时是1984年的12月，而地点是在加拿大的一个滑雪坡道上。1994年，金和我退休了，当时我47岁，而她37岁。我们已经如愿以偿了，那就是我在中场赢得了赚钱比赛的胜利，而金在比赛的第一节结束时赢得了赚钱比赛。

怎么才算赢得了赚钱比赛？我把它定义为：通过被动收入而非主动收入（工资性收入）来实现收入大于支出。1994年，金和我每月的投资收入大约为1万美元，而我们的花销则为3 000美元。虽然不算富有，但我们获得了财务自由。我们不必再去打工。我们也不需要公司或政府的养老金。除非我们的财务状况发生了变化，否则，我们就算是赢得了赚钱比赛的胜利。

在47岁赢得赚钱比赛之后，在随后的两年里我隐居深山，思考人生。在这一期间，我写出了《富爸爸穷爸爸》一书的草稿，并创造出《富爸爸现金流》桌上游戏。也是在这期间，我们的团队在世界不同的地方创办了几家石油和矿业公司。在这些公司中，有的取得了成功，其他的则折戟沉沙。

2000年5月，美国著名脱口秀女主持人奥普拉·温弗瑞（Oprah Winfrey）邀请我到她的节目中做嘉宾，从此就改写了我的人生历史。《富爸爸穷爸爸》走向了世界，突然间我成了名人。我万万没有想到，处于赚钱比赛第三节时我会拥有这样的生活。我从来没有想到会与奥普拉一起度过1个小时的时间，会参加美国全国广播公司财经频道（CNBC）《今日秀》节目，后来还去世界各地的电视和电台录制节目，并且我写的5本书还登上了《纽约时报》畅销书榜。虽然我在第一节的表现一团糟，但第二节和第三节却表现得棒极了。

183

第二节（35岁~45岁）

利润表

收入
1万美元
支出
3000美元

资产负债表

资产	负债

在我赚钱比赛的第四节，我没有做什么特别的事情。我仍然是一个企业家，建立处于B象限的企业，投资房地产和其他处于I象限的投资项目。换句话说，比赛仍然没有改变。我继续争取每次都把本节的比赛打好，我关心的是：许多婴儿潮一代人正在醒悟，意识到我们缺少时间，缺少金钱，不知道如何打好这场比赛。本书后半部分讲述的内容对此做出了解释：即使你缺少时间和金钱，你一样能赢得这场赚钱比赛。

虽然我在人生第一节时在创业和房地产投资方面是个失败者，但一旦我决心更加严肃认真地对待这场赚钱比赛时，生活的确发生了改变。

我为什么能不断前进

人们经常问我这样一个问题："你的钱已经能够满足你退休后

的生活需要了,为什么还要工作?"我可以从以下4个方面对这个问题进行解释:

第一,我喜欢建立企业和投资这样的游戏,尤其喜欢投资房地产,我可能会在我的余生继续玩下去。当我中年退休退出了比赛、开始打高尔夫球时,我感觉很是单调乏味,觉得我是在浪费生命。在我看来,金钱只是比赛的得分,而我却不能参与其中。在退出两年之后,我又重返赛场。

第二,因为我比较担心这个世界富人和穷人之间差距的日益增大,我也关心永远没有资本退休的那些人的数量,因为他们工作一辈子也无法致富。许多跟我一样是婴儿潮出生的人正处于比赛的第四节,但他们的比分却是落后的。

第三,已经富裕的人越来越心生贪婪,这让我困扰。那些从公司窃取钱财的人很多已经非常富有了,有人已经赚了超过1亿美元,却还希望从雇员和投资者身上榨取更多的金钱,他们的所作所为让我无法理解。

第四,我们学术机构对理财的忽视正在对我们的国家产生不利的影响。我们的教育体系继续忽视对所有学生进行理财教育的重要性,这是真正让我感到心烦意乱的地方。不管学生的成绩是优秀还是不及格,不管毕业之后是穷是富,甚至是他们能否毕业,我们全都需要钱。学习管理我们的钱,并且学会用我们的钱投资是我们全都需要掌握的一项生活技能。我实在想不通,为什么我们就不能在学校里开设一堂实实在在的理财课程。

如果让我主管我们学校的理财教育,我首先要做的一件事就是教孩子们学习税法。我会向年轻人解释大多数减税优惠都让企业主获得了。给予雇员的税收减免微乎其微。或许这一事实会激励更多的年轻人成为提供工作岗位并且刺激全球经济增长的企业家，比如汽车大王亨利·福特（Henry Ford）、麦当劳创始人雷·克罗克、微软创始人比尔·盖茨（Bill Gates）、戴尔公司创始人迈克尔·戴尔（Michael Dell）、传媒大亨鲁勃特·默多克（Rupert Murdoch）和维珍集团总裁理查德·布兰森（Richard Branson）。

赚钱之后还会赔的

为什么赚钱比赛非常重要，原因就是你在赚钱之后可能还会赔钱。拿橄榄球比赛来说，假设中场时比分为24∶14。即使看来要输的那个队在记分牌上不再增加分数，就算最终比分为48∶14，比赛结束时输球的队仍然是在中场得到的14分。

赚钱比赛则不同。还是拿橄榄球比赛作为例子，某人在中场时得分为24∶14，在比赛结束时他得到的分数为24∶0。换句话说，某人可以在第二节时取得比赛的胜利，这在记分牌上会有所显示，但在比赛的第四节会全部输掉。

在股市崩盘之前，许多人可能取得了理财的成功。很多人可能是纸面上的百万富翁。但在股市暴跌之后，他们心酸地发现：在一节比赛中的得分会在另一节比赛中被夺走。

许多跟我一样是婴儿潮出生的同龄人现在处在他们人生中赚钱比赛的第四节，工作了多年却落得两手空空。很多人正在聆听他们的理财顾问给他们讲的"要长期投资"的话，而他们已经进入了赚钱比赛的第四节，因此，这个建议是有问题的。他们从前所拥有的已经消失了。许多在中场赢得比赛的人正在第四节中输球，而计时器仍然在读秒。我曾经读过一个报告，报告称今天有2/3的人的年龄已经超过了65岁。与社会保障制度创建时相比，人的预期寿命已经延长了很多，但退休年龄仍然还是65岁至67岁。

飞行员正在输掉比赛

1969年毕业之后，我没有到海上航行，而是志愿加入了美国海军陆战队，进入佛罗里达彭萨科拉（Pensacola）的飞行学院学习。1969年至1974年间，我没有当上航船的高级水手，而是成为一名军队的飞行员。我在海军陆战队当军官的许多战友则转业进入航空公司做飞行员，如达美（Delta）航空公司、美国联合航空公司、环球航空公司（TWA）和合众国航空公司（US Air）等。在20世纪70年代，做一名商业航空公司的飞行员是一个高薪职业，而且很有诱惑力。但是，时光老人已经动身了，情况发生了变化。今天，正如你注意到的那样，上述某些航空公司已不再运营或者已经破产了，这些航空公司的许多飞行员失去了养老金或者其养老金的价值被大打折扣。

《华尔街日报》在2003年登载了一篇特写文章，其标题为《大多数工人对他们养老金中的"健康状况"一无所知》。

文章的开头是这样写的：

> 对数百万美国工人来说，在退休问题上，很少有比养老金计划的"运营状况"更重要的事情了。但是，公司取得了斗争的胜利，使得工人养老金计划的关键信息成为一个秘密。

斗争引发了人们对养老金命运的担忧。有些工人特别是钢铁工人的养老金计划已经无法维持下去了。其他公司也通过调整养老金计划结构减少退休津贴的数量。雇主们正在游说国会改变计算方式，降低他们对养老金供款的比例，或者在员工退休时减少对他们的退休金支付。

然而，雇员和退休人员几乎无法了解他们的养老金计划目前的财务状况，以及偿付能力如何。部分原因在于，公司长期以来拒绝他们了解更多最新的信息。由此造成的结果是，如果雇员的养老金当前处于危险状态，他们却难以获知。

该文章继续解释道：在过去，雇员了解他们养老金的"健康状况"信息是比较容易的。但到了1995年，情况完全改变了。1995年，国会开始要求公司向养老金担保公司（PBGC）提供更多有关养老金计划运营状况的详细信息。美国养老金担保公司是一家准公共事业的私营保险机构，据称是为了给工人的养老金提供保险的，因此，PBGC这4个字母代表的是"对养老金的收益进行担保的公司"。作为对公司向政府提供公司养老金运营状况信息的交换，公司要求养老金担保公司不得将它收到的信息向任何公民泄露。也就是说，1995年之后，雇员就不能发现他们的养老金计划运营状况是否良好。

公司拿走了飞行员的养老金

该文章也解释了全美航空公司（US Airways）的飞行员因为未能及时发现有关养老金计划运营状况的信息，从而失去了他们的养老金。

2003年3月31日，全美航空集团取消了7 000名在职和退休飞行员的养老金计划。

这意味着7 000名飞行员的退休金以及他们在退休金计划中投入的所有钱突然之间就灰飞烟灭了。全美航空集团公司将属于飞行员的3.87亿美元的养老基金就这样装进了自己的口袋。这并不是一个孤立的事件。许多公司使用同样的伎俩让富人更富，迫使工人失业或者失去养老金。因此，问题是"你的养老基金有多安全"。如果不要求养老金担保公司告诉你这些信息，你如何能够发现呢？

时间不等人

《华尔街日报》刊登的那篇文章还描述了有些退休人员是如何处理他们养老金计划损失的：

残疾退休人员将是受到打击最大的人，因为他们失去了与他们养老金相连的附加的残疾人保障金。休·格林伍德(Hugh Greenwood)于1997年退休，他已经失去了每月领取的残疾人保障金2 000美元的机会，对他来说，这可是一大笔钱呢。格林伍德先生的妻子不得已重返职场，而上述例子中的那些67岁的飞行员也可能会做同样的事情。

当你把富爸爸的赚钱比赛的测量方法应用到休·格林伍德的生

活时，从许多方面看，他在第四节结束时赢得了比赛。突然，由于世界经济的改变，实际上他开始一无所有，并且给他留下的时间已经不多了。

你会永远工作吗

当我在赚钱比赛的第一节苦苦地为财务问题挣扎时，我曾经询问过富爸爸这样一个问题："那些在赚钱比赛的第四节结束时还一无所有的人情况会怎么样？"他平静地说："他们会进入加时赛。"换言之，他们不得不在自己的余生继续工作，如果还能工作，那么继续工作或许并不是一件坏事。事实上，我认为工作可以让我们更健康和更快乐。因为我在47岁时退休，发现自己很郁闷，所以我才懂得工作的好处。这就是我为什么还要继续工作的原因，尽管我不必这么做。

只要你能享受你所做的事情，在第四节之后进入加时赛也不错。而对于商用飞机驾驶员来说，他们面临的一个问题是"他们不得不在60岁时停止飞行"。

如果在经济条件上面临着打加时赛的情况，我建议人们做些既能让你感到快乐且自己还能身体力行的事情，一直干到你不想工作了为止。换句话说，不要像我一些同学那样成为老飞行员不能飞行后，也不能从事其他职业。要记住，即使你今天感觉身体强壮且健康，你仍然会有"叫停赚钱比赛，真心想退休且什么事情也不做"的时候。还要记住的是，什么事情也不做仍然是很费钱的。

注意时光老人

正如富爸爸所说："每一位投资者必须知道花儿何时要开放，以及花期要持续多长时间。"

它的意思是说：每一位投资者都需要关注时间。正如我这一代人所发现的那样，对我父母那一代人有效的东西可能对我们许多人不起作用。也就是说，投资者需要对周期性加以关注。数百万人损失几十亿美元，仅仅就是因为他们听了推销人员的话而未能观察到周期的变化。

今天，就像我们大多数人都知道冬去春来和秋去冬来一样，我们也都知道市场既有繁荣之时，也有萧条之时。即便是生活在一年到头全是夏季的夏威夷，我们这些冲浪者也知道季节的变化。我们知道在夏天南部海岸的海浪较大，而在冬季则是北部海岸的海浪较大。

当《富爸爸财富大趋势》在 2002 年首次发行时，许多所谓"对财经新闻比较敏锐的记者"问我如何能够预测股市崩盘。我的回答是："因为每一位职业投资者都知道所有的市场会暴涨，也会暴跌。预测股市崩盘就像预测缅因州的冬天一样。"跟这个答案一样简单的是，许多财经记者想跟我辩论，并且试图否定存在"股市崩盘或另一个崩盘正在形成"的任何可能性。很多人没有简单地接受市场自然周期的定律，而是重复着从理财规划师的推销说辞中学到的东西，他们说道："历史表明，股市平均每年上涨 9 个百分点。"这些人说一通推销说辞是为了吸引不成熟的投资者！

职业投资者知道市场有盛衰。对于那个关于平均水平的说法，我的标准回答是:"平均水平的投资者才会做平均水平的投资。"我常用的另外一个回答是:"缅因州的年平均温度为摄氏21.1℃。但这并不表示说在1月份你只穿一件汗衫就可以了。"第二个答复通常是他们大多数人远远不能理解的。

期　货

1996年,当股市开始攀升时,我开始投资黄金、白银和天然气等商品期货。我有一个银行家朋友,他突然发现了共同基金和股市这个新的追求目标,想知道我为什么参与商品期货而不是股票、证券。我的回答是:"因为商品期货的运行是以20年为一个周期。它们在1980年失去了人们的宠爱,现在我们接近2000年了,到了开始趁低价购买它们的时候了。"他嘲笑我一番,继续购买共同基金,试图逆潮流而上,相信他的经纪人给他提出的"逢低买入"和"定额定期投资法"(DCA)① 的建议。随着股市的下跌,在最终停止购买,并且意识到他在挑战一个市场周期变化之前,他几乎失去了一切。我已经提到过"20—10—5"这一周期变化,但我会在本书的后半部分对它们进行更加充分的解释。

商品期货是黄金、白银、猪腩肉、玉米、咖啡、汽油、取暖油和其他此类实物形态的产品。在海上实习的那一年,当我作为一名实习生登上航船的那一刻,我就开始研究股市周期和商品期货市场周期之间的关系,从中我学到的一点是:当股市上涨时,

---

① DCA为"Dollar Cost Averaging"的简写,又名"平均成本法""懒人理财术"。——编者注

就要开始退出股市，寻找下一个可以投资的市场。这是考虑到时光老人运行周期的投资方法。

因为我进入得较晚，市场似乎进入了 20 年的周期。1973 年，股市变成了熊市。熊市持续了大约 10 年的时间。1983 年，就在黄金、白银期货市场刚刚崩盘之后，股市开始回升，并在 2000 年达到了一个空前的高度。随着市场的攀升，许多聪明的投资者开始转而投资商品期货。什么原因？因为这似乎就是时光老人为市场准备的时间周期。那么，是谁拿走了共同基金投资者的钱呢？是他们的股票经纪人还是时光老人？

水晶球

如果你借助水晶球看到未来，那就研究一下人口统计数字吧。婴儿潮一代人带来了一次人口大膨胀。20 世纪 70 年代，他们从学校毕业进入职场，之后结婚成家，开始购买住宅，这导致 20 世纪 70 年代房价的暴涨。到了 20 世纪 90 年代，他们的年龄已达四五十岁，他们大规模地涌入股市，历史上最大的一次股市泡沫由此产生。2010 年，他们开始退休，这一代人会再次引起许多市场的繁荣与萧条。这会产生一个问题：这一代人将要做什么投资以及进入什么市场呢？提前认识到这一点，你就能做好理财。到 2030 年，你轻松地就能预测他们大多数人会进入什么市场。再次注意 20 年的趋势周期，这一次是由人口造成的。好消息是我们的寿命可能会更长，或许远远超过 100 岁，那会带来另一次的人口激增。

如果你想成为富人，就要搞清楚何时繁荣来临，并避开萧条的来袭。如果你观察人口数字，就好比是在观察一个水晶球。当我写《富爸爸财富大趋势》时，我首先查看了这个叫作"人口统计数据"的水晶球。问题是我对问题有多么糟糕并没有概念，不仅许多婴儿潮一代人的养老金计划亏损了，许多公司养老金计划中的钱也光了，而联邦政府的国库也空了。事实上，它们已经债台高筑。

留心时光老人

要想成为一位杰出的投资者，投资之人必须关注时光老人，以及时间对一个人理财得分的影响。必须注意的一些周期和行情趋势如下所述：

机会之窗

我正在收听一档电台节目，主持人正在采访两位所谓的"投资专家"。其中一位专家说："沃伦·巴菲特正在投资垃圾债券。因此我建议我的客户做同样的事情。"

第二位顾问回应道："沃伦·巴菲特投资垃圾债券，那是去年的事了，今年他退出了。"

这就是一个机会之窗的例子。在股市繁荣期间，许多人开始效仿沃伦·巴菲特投资股市。但沃伦·巴菲特就在数百万投资新手蜂拥而入的时候已经退出了市场。正如他们说的那样，时不我待。对于机会而言，这句话同样正确。

生活的变化

富爸爸关于赚钱比赛分为 4 节的概念非常重要，那是因为生活的确在改变。我有几个朋友，他们在 45 岁之前财务状况良好。然而，中年危机向他们袭来。有些人停止了工作，其他的应该停止工作，却不能停止。有些人离婚了，失去了一切，有几个人还不止一次地离婚并且失去一切。有一位朋友成为残疾人，却没有残疾人保障金。今天，随着公司的裁员，许多人在本应停止工作的时候却要重打锣鼓另开张。因为形势的变化比以往任何时候都发生得快，所以，一个人的理财教育也比以往任何时候都显得格外重要。

几年以前，富爸爸画出了现金流的象限图，并且问我道："在你生命的最后时刻，你想待在哪个象限里？"

对这个现金流象限图进行了一番研究之后，我回答道："很明显，我想待在 I 象限。"

然后他说道："如果你打算在 I 象限收场，为什么不从这里开始呢？"因此，他才把我当成一个小男孩，开始教我投资，并且教我玩《大富翁》游戏。我能够在经历一个损失惨重的第一节之后在经济上重新恢复元气，乃是因为我拥有I象限的技能。在本书的第二部分，我会分享一些理念，谈谈如何获得这些不用冒损失很多金钱风险的投资技巧。

我听到许多政治家和记者一直在呼吁扩大就业机会。在我看来，我们需要的远不止是工作岗位。我们更多的是需要接受理财教育。就业只是对长期问题的一个短期解决方案，这个长期问题就是我们如何依靠财力生存下去，特别是当我们没有工作，或者再也不能工作，或者失去了一切之后不得不从头开始时，我们如何生存。

当前最大的一个难题是，我们的学校只关注E象限和S象限。它们需要开始更多地关注B象限和I象限。

不要指望每次掷骰子你都会赢

因为曾经运气好，许多投资者反而赔钱了。在股市繁荣期间，许多第一次做投资的人幸运地赚了一些钱，后来又赔进去了，于是他们加大投资，希望能够再次走运，不料却输掉了这场比赛。

我需要吸取的一个深刻教训是：仅仅因为我曾经有一次投资赚钱了，并不表示我会再次赚钱，即使我进行同样类型的投资也未必赚钱。

教训在于：随着时间的流逝，市场在发展。当市场改变了方向或者周期发生了变化，比如从股市的周期转变成了商品期货的周期，那么，"做长期投资、购买、持有并且祷告老天保佑"就是一种很可笑的建议。

你今天聪明，并不表示你明天也聪明

在我公司的会议上，我常常环视房间中的员工，他们大多数是 20 多岁或 30 多岁的年轻人。我给他们的建议是："如果今天我申请一个工作，我不会雇用自己。"今天，最大的问题并不是年龄或种族歧视，而是技术歧视。简而言之，我不会雇用自己是因为我在技术上已经过时了。谢天谢地，我拥有这家公司。

萧条再次到来

在历史上，如果一个人活到 75 岁，他或她要经历 1 次经济萧条和 2 次经济衰退。最近一次经济萧条开始于 1930 年。因为我们已经 70 多年的时间没有见过萧条了，我们可以期待经历一次。回到 20 世纪 30 年代，联邦政府采用了紧缩货币政策，许多经济学家称这一改变使得萧条进一步加重。鉴于这一错误的教训，2001 年之后，美国财政部实行宽松的货币政策，在市场上大量发放低息贷款。今天，我们所处的经济环境让我们要么有很多的钱，要么一分钱也没有。今天，我们可以看到投入数百万美元的投资者，同时也会看到在排队领取食物的失业者。如果一次新的萧条发生了，你想成为哪一群中的一员呢，是没有钱的那群人，还是有钱的那群人？

时间和金钱

富人更富的理由之一是因为工人的工资追赶不上时光老人的步伐。《纽约时报》刊载了一篇文章，对普通工人年收入的增长和

公司首席执行官的年薪的增长进行了比较。它指出，普通工人的年收入从 1970 年的 32 522 美元增长到 1999 年的 35 864 美元，在超过 29 年的时间里大约上涨了 10%（扣除通货膨胀因素，并且以 1998 年美元计），而在同一时期，《财富》杂志公布的前 100 强公司首席执行官的实际年薪平均从 130 万美元上涨到了 3 750 万美元。

换句话说，在近 30 年的时间里，工人的年收入增长了 10%，而首席执行官的年薪上却涨了 2 800%。两者在时间和金钱上存在着巨大的差异。

时光老人没有停下前进的脚步

不管你喜欢还是不喜欢，时间在流逝，时代在改变。忽视时间的改变和周期性，一味地购买、持有和祈求上苍，这在理财上是非常危险的。很明显，仅仅是由于未能看到时间的流逝，婴儿潮一代人中的许多投资者就永远不可能退休。

正如富爸爸说过的那样："每一位投资者必须知道花儿何时开放，以及花期持续多长时间。"本书的第二部分要讲的就是如何来弥补失去的时间。

第二部分
询问投资者的意见

问:"你能将1万美元变成1 000万美元吗?"
答:"可以,甚至你想要更多的话都可以。"

任何人都能将1万美元转变成1 000万美元吗？很明显，答案是"不能"。但是，如果更多的人心怀渴望，并且期待从理财顾问那里获得更好的建议，他们就能做到。本书第二部分主要讲述的就是有关"投资建议"的内容。但是，在分享这些建议之前，我有4点既微妙又简单的理由需要提出来，它们能解释为什么很多人不能成为强势投资者。

在接下来的一章里，让我们开始了解这4个理由是什么。

第十章

有些人不能成为强势投资者的4个理由

"金钱流向那些让生活变得简单的人。"

——富爸爸

在谈论我用于强势投资的方法之前,我觉得有一件重要的事情要做,那就是探讨一下有些人不能成功地成为一个强势投资者的4个原因。而这4个原因又是相互关联的。

理由1:说"我不能"的威力

高中毕业之后,有一天我对富爸爸说:"我的自然科学老师今天告诉我,根据身体结构,大黄蜂应该是飞不起来的。"

"好吧,我们希望你的自然科学老师没有把这个结论告诉大黄蜂。"

你在这里没法做

此时,我所坐的车正穿行在南非开普敦的街道上,这是世界上景色最为壮观的城市之一。我去那里是为了给一家银行发表一次演讲,它是非洲最大的银行之一。我的主持人跟我一起坐在后座上，沿着港口海边前行时，他说道："你的书写得很好。我喜欢你提出的'投资房地产'和'增加被动收入'的理念。对美国人来说，这是一个绝妙的主意，但在这里你没法做。我们的贷款利率太高了，以至于你不能用你说的赚钱方式赚到任何钱。被动收入产生的正现金流在这里是不可能存在的。"

现在汽车正在一些设计得非常漂亮的大型房地产楼盘之间穿梭，我以前看到过它们。在设计、创新和土地利用上，这些商用及住宅项目是世界一流的。我停顿了一会，以便整理一下思绪，深吸一口气，尽量礼貌地驳斥了我的主持人的说法："你不能在开普敦的房地产上赚钱，但确信无疑的是，有人能赚钱。"

大黄蜂能够飞行的原因之一是因为它不知道自己不能飞行。许多投资者找不到让他们发大财的极好投资，原因之一就是他们常说："你在这里没法做""我负担不起""价格太高"，或者其他人常用的任何借口，以此来证明他们没有能力做到其他人正在做的事。

说"我不能"的代价

引用亨利·福特说过的一句话："如果你认为自己行，你就行。如果你认为自己不行，你就不行。不管怎样，你都是对的。"

当我的车穿行在开普敦的街道上时，我的主持人继续解释为什么我的理念在当地不起作用的原因。"哎，最近3年房地产价格涨了很多。购买自住房的钱都没有，更谈不上投资出租房产了。这就是为什么我说你的投资理念在这个城市行不通。"

我任由他唠叨，透过车窗，向外凝视，不难看出开普敦是世界一流的城市，也能看出这里可以赚到大量的钱。不错，开普敦的确存在某些问题，这些问题让许多胆小的投资者远离此地，然而，大量外来资金正在源源不断地涌入这个城市，这一点对我而言是显而易见的。很多人正在变得非常富有。但是，我的主持人却让他那穷人的态度和对现实的认识局限打败了自己。那天我们在一起待了大约5个小时，在这期间，我听到他多次使用"不能"这个词，次数实在是太多了。

有话直说

大学毕业之后，富爸爸开始对我更加直言不讳，说话时不再那么注意礼节，也不再那么小心谨慎。他想让我快速学习，所以，他不再像我小时候那样跟我委婉地讲话。当我在开普敦的主持人对我说"为什么在当地投资房地产难以赚钱"时，我不禁想起了富爸爸说过的话："在使用'不能'这个词上，穷人和懒人要比成功人士更频繁。因为说'不能'比说'能'更容易，所以他们才更喜欢用'不能'这个词。如果你说你不能做某事，即使你能做，你也不必做了。"

我回头看了一眼我的主持人，在他讲话时他正盯着车窗外看，我意识到他正在错失成为一个富人的机会，但却不是因为他的愚蠢或无能，而是因为他的懒惰。对他来说，说出"你在这里没法做"这句话更容易，即使"人们正在这里做"这一事实显而易见地摆在他的眼前，他也对此视而不见。

懒人干活卖命

富爸爸常说:"数年来在同一家单位的同一岗位上努力工作。并责怪老板不给你加薪,这很容易做到;说'我买不起''我不能做'也很容易;因为家庭困难而埋怨你的丈夫、妻子或孩子,这也很容易。"他还说过:"拼命工作的懒人有很多。因为努力工作要比改变(如跳槽、进修)更容易做到,所以他们会继续拼命工作。"谈到投资时,富爸爸说:"许多人只是将他们的钱交给完全陌生的人,还奇怪为什么他们的回报这么可怜。很多人似乎认为发现一个极好投资的机会也很容易。他们认为极好的投资就长在树上或者应当会有人送到他们手上。现实却是找到无利可图的投资才会如此容易。这个世界充斥着给你提供低劣投资项目并让你投资的人。如果你想让你的钱为你拼命挣钱,你可不能偷懒。懒人做的投资都是有抱负之人所拒绝做的。"

并非无情

并非我无情才会说辛苦工作的人是懒人。我之所以这样说是为了把富爸爸曾经教我的一个最重要的教训传递给大家,他的教训就在于他发现了"不能"这个词所具有的力量。他说:"'不能'这个词让强悍的人变得脆弱,让视力正常的人变成睁眼瞎,让快乐的人变得悲伤,让勇敢的人变成胆小鬼,让他们天才的光辉消失殆尽,让富人具有了穷人的思维,并且限制了我们每个人心中那个宏伟目标的实现。"

百万富婆要破产

我读过一篇标题为《要破产的百万富婆》的文章，它描写的是一位挣扎在财务困境中的女人。这个 70 岁的女人毕业于一所常春藤盟校的法学院，她是一位成功的律师。在退休之后，她卖出了所有的股票和共同基金，开始持有现金。她说："股市崩盘之后，我感觉自己很聪明，因为我没有像我许多朋友那样在股市上损失很多钱。相反，我有 100 多万美元放在定期存款单中，它们能为我赚取差不多 5% 的利息。这意味着我一年有接近 5 万美元的利息收入，我可以用这笔钱支付日常开销，另外我还从社保中领取 2.2 万美元。我想我就这样不会变动了。退休 8 年之后，这些存款单的利率降到了不足 1%，也就是说我原来 5 万美元的利息收入现在减少到了不足 1 万美元。眼下我已经入不敷出了，尽管严格来说我还拥有 100 万美元。如果利率不能很快上涨的话，我就必须启用本金了。这说明：如果我有幸长寿的话，我可能会在有生之年破产的。"

不出所料，理财专家的回答是："你做的没有错，但现在正是你重回市场的时候。如果你足够聪明的话，把投资适当分散到非常多样化的投资组合里，你每年可赚取平均 5% 的回报。"

对于她这种理财教育水平的人来说，这可能是一个好建议，每年从投资中获取 5% 的收入根本算不上很高的回报。稍微受过一点理财教育，并且具备一点投资经验，她就能轻易地获得 15% 的回报，甚至更高。那么，为什么她不追求那些更高的回报呢？关键在于她的财商教育的问题，以及她的老师是谁。换句话说，这些人就像是大黄蜂,她们受到的教育是自己无论如何也飞不起来,而那些教导她们的人也认为她们飞不起来。

4个绿色的房子,一个红色的旅馆

从我9岁时开始,富爸爸就教我致富的原理。开始时,他教我的都是一些简单的课程,之后再和我一起玩上几个小时的《大富翁》游戏。"拥有巨大财富的方法可以在这个游戏盘上找到,即用4个绿色的房子折价换成一个红色的旅馆。"然后,他真的带我去看他的出租房产,以此完成对我的教育。他的出租房代表绿色的房子。1967年,在我就读航船学院时,富爸爸真的将他的4个绿房子抵换成威基基海滩上一个比较大的旅馆,虽然旅馆并非是红色的。19岁的我便懂得了大黄蜂为什么能飞及为什么富爸爸会在10年之内变得如此富有的答案。

2003年7月,我跟富爸爸的儿子迈克沿着威基基海滩的海滨浴场一起散步,富爸爸的旅馆曾经坐落在这里。后来旅馆被拆了,取而代之的是一家规模更大的海滨旅馆,它归一家大型保险公司拥有。虽然富爸爸并不拥有这幢大楼,但他却实际控制着新旅馆下面那片土地的租赁权,而且他从这片地上获得的租金数目大得令人吃惊。迈克说:"这块地皮现在是无价的。爸爸开始时两手空空,但他有规划,有远景,并且有梦想。爸爸从小就开始玩《大富翁》,直到现在,他仍然在玩这个游戏,从来没有人告诉过他'在现实生活中你没法玩《大富翁》'。"

当迈克停下脚步与富爸爸地盘上的一个商店主交谈时,我的思绪回到了过去。我能听到我的妈妈和爸爸告诉我:"把那个无聊的《大富翁》收起来，马上去做作业，如果你拿不到好的成绩，你就得不到高薪的工作。"当迈克和我继续沿着海滨旁的地产散步时，迈克说："从来没有人告诉我爸爸《大富翁》只是小孩子的游戏，这对我来说真是件幸事。"

我点点头，默默地对自己说："就像是没有人告诉大黄蜂说它们不能飞一样。"

理由2：简单的力量

"致富的关键在于让事情变得简单。"

有一天，富爸爸在给迈克和我上有关企业的课时说道："教师赚的钱比商人的要少，原因之一就是其所设计的教学模式舍简就繁。"我没有明白他的意思，要求他做进一步解释。富爸爸迅速回答道："若教学时选择了'1+1'模式，这便是个简单的算术，但老师们却把它变成了微积分。这就是我所说的舍简就繁。"

学校始终是一个让我感到害怕的地方。我似乎总是生活在对下一学期的恐惧之中，总感觉下一学期的学习会比上一学期更难。小学时，有人告诉我中学的课程会更难；当我上了中学时，随后有人告诉我大学的课程更难。因此，对我来说，学校就是一个让学习生活越来越艰难的地方。因为没有完全理解商业世界和教学体制之间的差别，我问富爸爸："你的意思是说企业采取的是与学校教育恰恰相反的方式——舍繁就简？"

富爸爸点点头，回答道："说得没错。企业的生存与发展目的是让生活更简单，而不是更难。让生活变得最简单的企业就是赚钱最多的企业。"

我问道:"你能给我举个例子吗?"

"没问题,"富爸爸回答道,"汽车行业赚钱很多,原因就是汽车让人们从一个地方到另一个地方变得更容易。"

"比步行还容易。你想说的是这个意思吗?"

"正是。因为汽车让生活变得更简单,所以就有数百万人愿意掏钱买汽车。"

"同样道理,航空公司也是如此。"我补充了一句,因为我开始明白这堂课的意思了。

"还有通信公司、超市和电力公司。因为它们让生活变得更简单,所以全都赚钱。"富爸爸说道。

我不禁问他:"那么学校是让生活变得更难吗?"

"是的,"富爸爸回答说,"它们开始的时候很简单,但随后会让生活变得越来越难。如果你想成为富人,你应当学会把困难的事情变得简单。如果你把精力集中于此,也就是说让人们的生活变得更简单,你就会成为一个非常富有的人。你在让生活变得更简单方面帮助的人越多,你就会变得越富。"

富爸爸的法则

富爸爸的法则是:"金钱流向那些让生活变得更简单的人手中。"

让投资变得简单

股市做得很好的原因之一是它让投资变得简单。股市把上市公司细分为几百万股份,让人们在购买股票时变得简单易行。

共同基金吸引了很多资金的原因之一是因为它让投资者在决

定购买哪只股票时变得简单。你所需要做的全部内容就是购买一只共同基金，并且希望它将来会升值。

如果你明白富爸爸关于"让生活变得简单"的课程，你就会明白为什么经营股市或者管理共同基金的人正在致富，而不是那些股民或"基民"①。

让投资变得可以承受

不仅是股市和共同基金使得投资变得简单，它也让投资易于承受。股民或基民每月只需投资50美元，他们不需要筹款交纳一大笔的首付，也不需要像投资房地产或者企业贷款经常要求的那样，为了从银行获得贷款而证明他们拥有良好的信用。这些股民或基民所要做的就是把他们的钱交给经纪人，需要他们做的仅此而已。

是谁即使在股市暴跌时也能赚钱

股市暴跌时，即使投资者产生损失，共同基金公司仍然赚钱。在股市暴跌期间，就算股价和共同基金的价值骤然跌落，基金公司照样继续收取管理费。道理何在？因为它们让投资变得简单。

一个直接关系

所有这些原因都是相互关联的。经常说"我不能"的人常常

---

① 基民，延伸于股民，基金持有人被形象地称为"基民"。——编者注

是寻求简单投资技巧的人。

富爸爸在他的一次投资课中说道："许多人似乎认为极好的投资就像长在树上的果实一样，唾手可得。许多人认为他们所要做的就是将他们的钱交给一个魔术师，就像变魔术一样，他们突然间就会暴富。现实中，投资是一个包含"搜寻—谈判—融资—管理人和资金"的持续不断的过程。当涉及投资时，选择艰难之路的人发现生活是简单的，而选择走简单易行之路的人发现生活是艰难的。"

这一点引出了为什么很少有人成为强势投资者的第三个理由。

理由3：富人很容易成穷人

你可曾注意到申办一张信用卡有多么容易？你是否注意到背上无益的债有多么容易？

当金和我正在积累财富时，我们与信贷员之间发生了一些不愉快的事情。因为我们拥有太多的投资性房地产，虽然它们全都是产生正现金流的投资，但因为我们拥有太多的良性负债，银行还是想收回我们的一部分贷款。与此同时，银行开始挂念我们数百万美元的投资组合，他们热切地要给我们办一张信用卡，还要贷款给我们买一辆汽车。换句话说，我们的信贷员认为我们拥有太多的良性贷款，于是他们便想要我们背负更多的恶性负债。为什么会这样？

早在2003年，我们的抵押贷款经纪人就打电话询问我们是否想给我们的住房贷款增加30万美元的现金借款。因为当时的贷款利率很低，金和我还是能够负担得起这笔贷款的。

当我们想对其中一套投资性公寓再融资,并且以资产净值为限提现25万美元时,同一个抵押贷款经纪人开始犹豫起来。虽然我们最终从另外一个经纪人那里得到了这笔钱,我发现有一点很有趣,那就是第一个经纪人极想为我们的负债提供贷款,让我们购买个人住宅,但他却对我们借贷购买资产而犹豫不决。

另外还有一点也十分有趣,许多理财杂志推荐人们购买第二套度假屋,这个第二套房子花了你的钱,却不是赚钱的投资性资产。为什么是这样?当我们在下几章中讨论强势投资时,这个问题会变得更加奇怪,因为大多数富人要么通过房地产赚钱,要么以房地产的形式持有财富,而且房地产市场是一个比股市大得多的市场。为什么有那么多的理财专家不向人们推荐房地产,而是推荐像股票、债券和共同基金等更为简单的投资方式呢?

理由4:没有保证的投资

数百万投资者每月支付很少的钱,而这部分钱在将来还有没有却得不到任何的保证,为什么他们还愿意这样干?为什么数百万投资者宁愿每月损失一点小钱也不愿意每月赚点钱呢?当许多普通投资者情愿为将来能够赚钱而放手一搏的时候,强势投资者想的却是保证他们在今天获得回报。

在接下来的一章里,我会讲到这样一位妇女,她想在每股55美元时购买一只股票,因为她的股票经纪人告诉她股价很快就会涨到每股75美元。问题在于:怎么这么多的人如此容易地上当受骗,轻信谎言而投资呢?答案可以在第四个理由里找到。

许多人并非强势投资者,因为他们容易轻信他人,听到一个未来的承诺就会投资,之所以会这样,是因为他们找不到在今天可以给他们回报的投资。如前所述,4个理由全都是相互关联的。当某人说"我买不起"或者"我找不到好的投资"时,这种事情就不可避免地产生了。一旦某人找不到一项今天能让他们赚钱的好投资,很多人就会寻求一条简单之路——愿意等待在明天获得回报。

如果你想成为一个强势投资者,你就别因为轻信谎言而投资。你必须要有保证的投资。在接下来的一章里,你会发现强势投资者是如何利用这些保证来投资的。

回顾一下阻止人们成为强势投资者的4个理由吧。

第十一章

强势投资的威力

> "真正的发现之旅不在于寻找新的风景,而在于用新的眼光去看风景。"
>
> ——马塞尔·普鲁斯特(Marcel Proust)

四类资产

可供投资的资产主要有以下四种:

1. 企业

2. 房地产

3. 纸资产

4. 商品期货

很多人的投资收获少得可怜,原因之一就是多数人只投资一类资产。强势投资要求投资者至少投资两类资产,最好投资三四类资产。

当今世界,大多数人首选的投资是纸资产,比如股票、债券、共同基金等。为什么?我们再次返回到"简单"一词中寻求答案。因为纸资产容易买进卖出,所以,纸资产广受欢迎,而且与企业或房地产相比，纸资产对投资者在管理技巧方面的要求极低。

失 控

汽车配有油门、刹车和方向盘等装置。司机正是通过它们控制一辆车的行驶状态。而在纸资产投资方面，投资者常常放弃对投资的控制，而将控制权交给完全陌生的人，而他们则希望这些陌生人的驾驶技术要比他们高。放弃控制非常危险，然而，如果他们不知道如何操控的话，放弃控制反而是最好的选择。

对于一个职业投资者来说，纸资产的一个主要缺陷在于：因为没有积极地介入到管理之中，投资者放弃了对资产的业务控制。例如，作为微软的一个小股东，我很难做到给比尔·盖茨打电话，并且告诉他"你现在的开销太大了"，或者对他说"我想让我的投资有一个更大的回报"。在我自己的企业里，以及在我持有的房地产中，我能说到做到，我可以控制自己能赚到多少钱，并能控制我的开支和税收，还能决定用我的收入做什么。我也能够对可能会在企业里发生的不够诚实的行为进行更好的控制。另一个让投资者放弃对纸资产控制是因为他们没有什么可享受的税收优惠，即使有的话，也非常有限。选择拥有一家企业或者投资房地产的原因之一就是因为税务部门喜欢你这样做。

依我看，对于具有管理企业和房地产技巧的人来说，企业和房地产是更好的投资。缺乏管理技巧，你就很难控制这类资产。很明显，如果有人缺乏管理企业或房地产的技巧，那这两项投资性资产就会成为噩梦。如果你不会驾驶或者不懂得如何协调操作汽车的油门、刹车和方向盘，则开车就会对你的健康构成威胁。

既然企业和房地产具有如此多的优势，那么，怎么会有很多人投资纸资产并且对其放手不管呢？在我看来，可以再次从"简单"这个词里找到答案。在数百万投资者看来，将控制他们钱的权利交出去要比学会如何"驾驭"他们的钱更容易做到。这就是为什么数百万投资者拥有的资产组合里充斥着共同基金，但他们对谁在"驾驭"这些基金却一无所知。对于很多没有空闲的人来说，投资共同基金更容易，如此一来，他们可以继续拼命工作，而不用在理财上学习如何"驾驭"它们。对很多人而言，共同基金成了他们理财生活中的"主菜"。

购买共同基金就像是来到超市的冷冻食品区，这里的食品都是经过加工和包装好的，可以速食。你所要做的无非就是拿起你选择的食物，付钱，拿回家，然后加热并把它端上桌。当我投资股市时，我把它们当作餐后的点心，而不是拿它们当主菜。当我决定利用纸资产时，常常是因为我需要让我的钱快速地进出。我喜欢纸资产首先是因为它们的流动性，其次是它们的短期价值。

房地产或企业的一个很大的不便就是它们的买进或卖出常常非常麻烦，单调乏味，并且错综复杂。这就是我为了长期价值才投资它们的原因。

购买股票就像是约会

富爸爸过去常说："购买股票就像是约会。你去赴宴或者赶往电影院，如果你们相处得并不融洽，你会在门口握手之后就此告别。购买房地产就像是结婚。在结婚之前，你通常要与房地产这一对象进行大量的约会，尽可能多地亲自考察各种房地产。然后，在发现让你心仪的房地产后，就会在银行举办一次大型的'婚礼'，随后，你就安定下来，看看会发生什么。如果你和你的房地产相处得并不和睦，婚姻变成了一场噩梦，离婚则要经历一次冗长乏味的、充满压力的办理手续的过程。"

当涉及企业时，富爸爸说："建立或者拥有一家企业是迄今为止获得回报最大的投资，而且是所有投资资产中压力最大的。如果投资纸资产像约会，收购房地产像结婚，那么，投资企业就像是带着孩子结婚。"

以企业主的视角看世界

1973年，当我从越南返回美国时，富爸爸坚持认为我要学习如何销售、如何建立企业和如何投资房地产。他说："如果你想成为富人，成为一个杰出的投资者，你需要以企业主和投资者的视角看世界，而不是以企业员工的视角看世界。"

由于没有真正弄明白他的意思，我问道："如果我正在做房地产投资，为什么我要以企业主的视角看世界呢？"

富爸爸笑了笑，拿出他的便笺纸，在上面画了一个长方形，然后说道："一个农场主可能愿意为这片地支付1万美元。如果高于这个价格，他的企业就会吃紧，因为他的蔬菜生意没有那么高的利润，不足以让他购买这片土地。换句话说，如果农场主为这片地支付的钱超过了1万美元，这片地可能就在价值上超过了他的企业，农场主的企业就无力购买这片土地。"

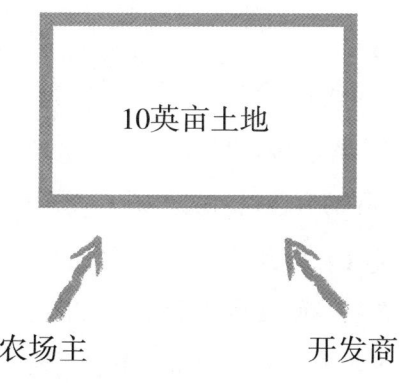

"但是,一个房地产开发商却可以为同一片地支付更高的价格,"在理解了富爸爸想从哪里入手开始他的课程后,我继续说道,"房地产跟企业一样宝贵。"

富爸爸继续给我上课。"同样一片地,房地产开发商可能愿意支付 10 万美元,而农场主只愿意付 1 万美元。因为开发商所在企业更有利可图,所以这片地更值钱了。开发商是从另外一个角度来审视同样这片地上的房地产的。"

作家兼诗人的马塞尔·普鲁斯特(Marcel Proust)说过:"真正的发现之旅不在于寻找新的风景,而在于用新的眼光去看风景。"

错失的机会

在前面的章节中,我提到过坐车穿越开普敦街道的事,我的主持人说过在当地搞房地产是不可能挣到钱的,至少按照在我书中描写的方式从房地产上挣钱是行不通的。他之所以看不到同样的机会,是因为他和我在以不同的视角看相同的房地产行业。

看不到机会

在20世纪60年代到70年代期间，我的富爸爸能够看到沉睡的热带海岛夏威夷即将面临的变化。他知道他必须行动起来，否则就会落后于人。我的穷爸爸只能看到他的房价正在上涨。

多少年来，夏威夷一直是很多人梦想的旅游目的地。当时的夏威夷仅供富人享受，而且他们主要是乘船前往。从加利福尼亚乘船去夏威夷要花费5~6天的时间，很多人没有时间或者没有钱来消受两周的往返旅游。富爸爸预见到乘坐喷气式飞机旅行时代即将到来，因为它可以为夏威夷带来数百万的游客，不但缩短了加州与夏威夷的距离，而且人们能够负担得起这一交通成本。他知道新式客机会改变这一切。

就像农场主看到这片地认为它值1万美元而开发商却认为它值10万美元一样，我的穷爸爸以一个老师的眼光看到了这一变化，而我的富爸爸却从一个商人和投资者的角度看到了这一变化，这两种视角是完全不同的。

令人啼笑皆非的是，在20世纪60年代到70年代期间，我的穷爸爸比我的富爸爸赚的钱要多。我的穷爸爸有一份高薪的政府职位。在20世纪60年代，我的富爸爸长期缺钱，多余的每一分钱都会重新投入企业之中，他还尽可能多地购买房地产。由于富爸爸没有稳定的工资收入，有好几次他都已经分文皆无，然而，他还是继续坚持投资。

在这期间，我的穷爸爸实际上处于更有利的位置，他能够负担得起富爸爸正在购买的投资项目。因为拥有一份高薪工作，我的穷爸爸理应有更宽裕的时间，让银行给他发放贷款，赶在房地产价格直线上涨之前购买房地产。而我的富爸爸却必须与一个又一个的信贷员，一个又一个的投资者进行交涉，以便筹集到投资资金，他很难取得人们的信任，因为他并没有很多的钱，而且也没有一份通常意义上的稳定工作。

虽然我的穷爸爸处于一个更有利的位置，可以在那一时代变得富有，但他并没有致富。相反，他辛勤工作，不停地忙碌，谨慎求稳，买房子（自住），存钱，并且在住宅的净资产因房地产价值开始攀升而升值时感到兴奋不已。

此后突然之间，到了1967年，当富爸爸在威基基海滩购买了一家大型旅馆时，似乎他就像是不知从哪里突然冒出来的一样。"他怎么能够买得起威基基海滩的一家旅馆？他甚至没有一份真正的工作！"除了这些之外，我的穷爸爸什么话也说不出来。

富爸爸的强势投资：如何买得起你想要的任何东西

从1970年一直到20世纪90年代早期，富爸爸个人的财富迅速增加。但是，我的穷爸爸在同一个时期却变得更穷了。直到20世纪70年代中期，富爸爸不必再节衣缩食地过日子，他不再在钱上捉襟见肘。现金正在从他所有的投资中快速流进他的口袋。除了在威基海滩拥有一座大型旅馆外，现在，他用这座大旅馆所产生的现金流购买了其他的海滨旅馆和商用房地产。他没有让自己的钱闲置浪费，他继续投资，这让他赚到了更多的钱。1970年之后，我的穷爸爸失去了工作。在竞选对他的上级即州长不利的副州长职位失利之后，我的穷爸爸被州政府禁止在政府部门工作。

1973年，当时我还在海军陆战队，驻扎在夏威夷，我会经常开车去威基基海滩与富爸爸一起吃饭。我会坐下来要求他给我以指导，因为我要为离开军队的那一天做准备。在那一年里，我常常问富爸爸他是如何用很少的钱做到他已经做到的那些事的。虽然我之前多次听过他关于强势投资的理念，但当时我还只是一个小孩子。长大以后，随着阅历的增加，以及有两个爸爸可以相互比较，现在我更加看重他的方案。在一次与他共进午餐期间，富爸爸说："作为一个年轻人，我知道如果我遵循这个强势投资的方案，一旦有一天我取得了成功，我就可以买得起我想要的任何东西。"

因为才25岁，我现在对他的方案更感兴趣，特别是当我听到"买到我想要的任何东西"这句话时更是心动。直到这一刻，我了解了富爸爸的强势投资方案，但对我来说，似乎我要做的工作非常的多。由于我真真切切地看到了他在威基基海滩的大型旅馆，以及他在其他海岛的海滩上所拥有的滨海房地产，所以我对他的方案更感兴趣。此外，它似乎比我的穷爸爸眼下赞成的方案更好。

第一节开始了

在我个人赚钱比赛的第一节期间，年龄为25岁至35岁，我知道我的新工作就是学会建立企业，投资房地产和纸资产，而投资纸资产被我当成"餐后甜点"来吃。尽管我知道自己可能在我投资生涯的第一节也可能在第二节会比周围的同龄人挣的钱要少，但是，我知道如果我努力经营，我会在人生的下半场过上好日子，而下半场开始于45岁。

富爸爸的强势投资方案

本章的以下段落是对富爸爸强势投资方案的简单回顾。在以后的各个章节中，我会对有助于该方案奏效的几个方面加以详述。我希望我可以将该方案的每一个要点都呈现给你，但恐怕我要写满一排书架才能达此目的。我学会如何推动富爸爸强势投资方案的方式是理解概念，之后实际动手学习如何推进。在25岁时，我决心学习如何建立和管理一家企业，学习投资房地产，并且努力经营企业，学习识别并推进纸资产的投资。换句话说，我想控制我的资产，而不是仅仅将我的前途和金钱交给陌生人。我可以肯定的是，只是阅读内容，一个人是没有办法学会实施这一投资方案的，这就好比是阅读一本如何骑自行车的书就尝试骑自行车一样，这是不可能的。即使你读完了书，你仍然需要有一辆练习用的自行车才行。

在你阅读富爸爸的强势投资方案时，我建议你要密切关注你与内心的对话，这是你与自己的交谈。请注意你是否在说"我能"或"我不能"，是否在说"这听起来太难了，我想要一个更简单的答案"。如果你发现自己经常在说"我做不到"，并且想要更简单的投资方案，那么，共同基金就有可能会成为你的选择。

富爸爸的强势投资方案要求拥有一家赢利企业，投资能够产生正现金流的房地产，然后再投资纸资产，而这个纸资产要比具有同样流动性的储蓄账户产生更高的回报。由于我在其他书中提到了这一计划，所以，在本书我将从税收和财务杠杆的角度加以详述，这两个方面的确会极大地增加我获得的回报。

富爸爸的强势投资方案是这个世界上最富有的投资者所效仿的基本方案。

1. 开办一家企业；
2. 用企业产生的现金流投资房地产；
3. 用富余的现金流投资纸资产。

第一类资产：企业

你自己的企业是你目前最好的资产，因为如果你取得了成功，你就会在付出较少和税赋较低的情况下产生最多的收入。沃伦·巴菲特将自己创建的伯克希尔·哈撒韦公司（Berkshire Hathaway）转型为一家保险公司而没有将其改为一家加工服装的企业，原因之一是保险公司可以享受更大的税收优惠。换言之，税法因企业不同而不同。而且，通过不同的法人实体进行投资，而不是通过个人进行投资，他又因为税法的不同而获得了更高的投资收益率。

永远记住：税收是你最大的单项支出。

拥有一家企业的缺点在于：如果你不能成功地建立一家赢利企业，那这个企业就会成为你一个巨大的债务负担，你可能会损失很多钱。这就是为什么我经常向人们推荐说：要在辞掉你的全职工作之前，兼职开办一家企业。

强势投资方案

资产	加速器
B象限—I象限	
企业 ⬇$	别人的钱（OPM） 法人形式的选择 别人的时间（OPT） 税法 慈善
房地产 ⬇$	别人的钱—＄1:＄9 法人形式的选择 税法
纸资产	免税 对冲基金 期权 私募备忘录（PPMs） 首次公开募股（IPOs）

弱势投资方案

工作	加速器
E象限—S象限	
⬇$ 储蓄 不负债 个人住房 共同基金 股票 401（k）计划 个人退休金账户（IRAs） 简易式雇员养老金计划（SEPs）	无

223

第 1 个加速器：别人的钱（OPM）

创立企业的第一个加速器是利用别人的钱。随着你变成越来越优秀的商人，这一点更容易做到了，因为投资者喜欢胜者。

许多人在创立他们的企业时使用的是他们的个人信用卡、家人的借款或者个人银行贷款。如果你仅仅是起步，这些是不可或缺的，但要记住促进你的企业加速发展的最快的方式是邀请投资者加入你的团队。然而，有一句警告的话要说：小心你邀请加入的人。你若想维持对公司的管理控制，必须限制投资者介入的程度。

还要注意你需要让出多少股份，因为你的公司要成长，需要追加资金以求扩大规模，你可能需要寻找第二轮或第三轮的投资资金。在编写你最初的商业计划时，要把这一点考虑进去。

你还可以利用你的企业产生的富余现金流为企业的成长提供资金。在创立富爸爸公司之后的头两年里，金和我没有把利润从公司中提取出来，而是把它们重新投入了企业，以此促进企业的成长。

下一步我们要做的是寻找战略伙伴。通过授予他们一定的权力，并且与他们分享利润，我们可以利用战略伙伴的资金和分销系统来实现企业的扩张。在促进企业发展方面，我们已经多次使用这种战略伙伴模式。

第 2 个加速器：法人形式的选择

选择适当的法人形式来控制你的企业至关重要。你绝对不想选择独资企业或普通合伙制来控制你的企业。

与你的律师或税收顾问一起回顾 C 类公司、S 类公司、有限责任公司（LLC）或有限合伙制（LP）公司的各种要求和好处，搞清楚哪类法人形式会为你的企业提供最佳的保护，并因此获得最优惠的税收政策，以便实现现金流的最大化。

第 3 个加速器：别人的时间（OPT）

如果你是一个有本事的企业主，你就具有通过影响其他人和其他系统来为你工作的能力。换句话说，如果你是一个可靠的商人，一旦企业建成并且运行正常，那你就跟不劳而获一样。因为大多数人在为企业工作，而不是为建立一家企业工作，他们人生的大部分时间将不得不为了挣钱而工作。

第 4 个加速器：税法

作为一个企业主，税务员是站在你这一边的。你可以回顾一下第五章"询问税务员"，其中讲述了税法是如何为保护企业主和投资者的利益而制定的。通过创立一家企业，你甚至可能将你个人的支出转变为可以合法扣除的企业开支。

第 5 个加速器：慈善

我的富爸爸总是让我想起《圣经》中"给予比接受更快乐"那一节。慷慨和回馈社区是让你的企业进一步成长的要素。

你可能不知道慈善馈赠给你的回报是如何实现的，但它们一定会有的。你服务的人越多，你就变得越富有。

正是通过所有这些加速器的组合作用，你才可以将你的公司成长和现金流增长的速度最大化。然后你可以将你的现金流重新投入你的企业，以促进它继续成长，或者投入到房地产等新的资产之中。

第二类资产：房地产

第6个加速器：别人的钱

我的信贷员支持我投资房地产。假设我购买一处价值10万美元的房地产，所用资金如下：

我自己的钱：1万美元。

从银行贷款：9万美元。

信贷员允许投资者从他们投资的一方拿走虚拟现金流和资本收益。换句话说，从技术层面上看，银行拥有90%的投资份额，但投资者还是可以得到银行那部分的虚拟现金流和资本收益。

想想这一点吧。有多少商业伙伴会把他们那部分的利润给你呢？在这种情况下，你借贷银行却会这么做。你借贷的银行占有90%的投资风险，但你却获得了它那份利润。它除了利息之外一无所获，而利息却是由你的租户支付的。问一下你的理财规划师：你的共同基金是否会给你如此好的待遇？你的共同基金会贷给你90%的资金，承担90%的风险，且对利润分文不取吗？这就是富爸爸所谓的"魔钱"。

理财规划师会说：雇主常常会考虑到雇员的贡献而给予

他们相应的报酬。这充其量是1:1，没法与房地产的1:9相比。

回顾一下第三章"询问你的信贷员"，由银行提供的财务杠杆有3种：

1. 确保投资；

2. 整个资产的折旧；

3. 增值的所有权。

第7个加速器：法人形式的选择

法人形式的选择对于理解富人世世代代用来保护他们房地产资产的秘密和策略至关重要。你常常会想将企业分成一项一项的资产，如此一来，如果一项资产面临风险，其他资产便可自保。

普遍用来持有房地产的法人形式是有限责任公司（LLCs）和有限合伙制公司（LPs）。因为选择要基于你所在州的法律，所以你需要征求你的律师和税务策划师的合理化建议。

第8个加速器：税法——折旧和房地产账面亏损

税务员以折旧的形式大大地加速了你的房地产收入和现金流，它被称作"虚拟现金流"。意思是说，更多的现金在今天流向了投资者的钱袋子，而不是当你退休之后才会给你。

因为房地产的税收优惠（参阅第五章"询问你的税务员"）与纸资产的税收优惠不同，所以，我选择在建立企业之后投资房地产。如果我随后选择投资纸资产而不是房地产，我不会获得效率更高的财务杠杆。

第三类资产：纸资产

第9个加速器：免税

如果是投资政府提供财政资助的项目，税务员甚至会为投资者提供更大的杠杆借贷优惠。在我的资金借助财务杠杆作用得以增值之后，它常常会流向股市，特别是流向免税的纸资产，比如政府抵押型房地产投资信托基金（REITs）和其他诸如此类的纸资产。在这方面，我通常会赚取5%~8%的免税收入，这要比我从银行定期存款那里赚到1%应税收入要好得多，况且在流动性上定期存单通常要小于政府抵押型房地产投资信托基金。

第10个加速器：对冲基金

对冲基金允许我进行避险投资。它们有共同基金的优势——"简单易行"，却没有跌价的风险。对冲基金既可以长期持有，也可以短期买卖。对冲交易的方法和工具有很多，诸如做空[①]、互换交易、现货与期货的对冲等，几乎可以在任何期望赢利而风险较低的市场上对任何机会进行投资。虽然对冲基金的策略有很多，但它们的首要目标是：在保护投资

[①] 做空，一种股票、期货等的投资术语，是股票、期货等市场的一种操作模式。它是指预期未来行情下跌，将手中股票按目前价格卖出，待行情跌后买进，获取差价利润。其交易行为特点为先卖后买。实际上有点像商业中的赊货交易模式。——编者注

者资本和在所有市场条件下产生正回报的同时，减少波动和风险。这些对冲基金大多数会在市场处于下跌趋势时进行对冲，这在今天股市动荡的情况下显得尤为重要。

第 11 个加速器：期权

投资股票期权[①]使得我可以将纸资产的投资用作财务杠杆。通过支付一部分价款购买期权，我仍然可以控制股票，却不用购买它。期权赋予我一项权利，即经过一段特定时期之后，我能够以一个事先约定好的价格购买或出售一定数量的股票，这个事先约定好的价格称作"执行价格"（strike price）。允许我在期权合约有效期内以执行价格买进一定数量的期权称作"看涨期权"（call option），有了这个权利，我就可以购买 100 股的优先股。

人们购买看涨期权是因为他们希望股价会上涨，并因此而获利。他们能够获利要么是因为在一个较高的价格上卖出看涨期权；要么是因为行使他们的期权，即当市场价格更高时，他们以执行价格购买股票。

另一方面，一个让我在期权合约有效期内以执行价格"出售"一定数量的股票的期权称作"看跌期权"（put option）。人们购买看跌期权是因为他们希望股票价格会下跌，并因此而获利。他们能够获利要么是因为在一个更高的价格上出售

[①] 股票期权，股票期权是指买方在交付了期权费后即取得在合约规定的到期日或到期日以前按执行价格买入或卖出一定数量相关股票的权利。——编者注

看跌期权；要么是因为行使他们的期权，即看跌期权的卖方在市场价格更低时以执行价格购买股票。

第 12 个加速器：私募备忘录

私募备忘录（PPMs）是一家享受联邦登记豁免的公司进行的募股情况说明。1982 年，美国证券交易委员会正式通过了《D 条例》，以此来协调有限发售的登记豁免，并将适用于私募和证券销售的现存资质要求合理化。在《D 条例》中，则有 3 个不同的规则可以遵循：

"504 规则"为非报告公司提供了登记豁免，并且规定：

·允许在 12 个月内销售总发售额不超过 100 万美元的证券。

·可以购买证券的投资者数量不受限制。

·取消投资者资格限制。

·股票购买 1 年之后才可以在公开市场上出售。

尽管"505 规则"允许发售总额不超过 500 万美元的美国证券，而"506 规则"取消了允许销售的证券数量。但是，"505 规则"和"506 规则"都要求投资者为'获许投资者'。

投资私募备忘录是一种典型的资本收益型战略。在这一战略下，你预期股票价值过一段时间之后会上涨，并且此战略还为创始股东设计了退出方案。

此类投资的文件和法律要求至关重要。在寻找适合个人条件的筹资工具时，你需要听取有关专家给予的法律意见和税务建议。

第 13 个加速器：首次公开募股（IPO）

首次公开募股指的是公司向公众第一次出售股份，比较典型的情况是一家通常不为人所知的、尚处于初创期的企业发行股票。因为公司在准备首次公开发行股票时需要在法律和会计方面耗费大量的时间、人力、物力。它也会耗费执行管理团队的大量时间，这有可能会让公司的注意力偏离核心业务。然而，由于股票的预期发行价较低，而一旦进行公开交易它的价格便会上涨，由此为企业提供了巨大的财务杠杆支撑。再次重申，这种方式通常是资本收益型的投资战略，而且是一种公司创始人的退出战略。

10.5 万美元变成 300 亿美元

尽管沃伦·巴菲特不像我那么多地利用房地产投资方式使资产增值，但他使用相似的投资方法将 10.5 万美元变成 300 亿美元。应该学习的一个经验是：强势投资是基于投资和财务杠杆加速器的协同配合。一旦你学会发挥不同资产之间的协同作用，并且建立自己的资产运作体系，你将非常轻松地把 1 万美元变成 1 000 万美元。起初这样做是困难的，但一旦体系发挥作用，现金流就会流进而不是流出。

1 万美元变成 1 000 万美元

那么，人们只投资一类资产就可以将 1 万美元变成 1 000 万美元吗？是的，我们可以做到。事实上，大多数人开始投资时都只投资一类资产。你能成功地投资所有种类的资产吗？只有你能回答这个问题。

最薄弱的环节

如果人们只是买卖股票、债券或房地产，他们常常会错失强势投资的潜在优势，并且要承受更大的风险，即使赚不到多少钱，他们也要缴纳很多的税费。由于忽视了不同资产之间的协同作用或加速器，投资者成为投资中最薄弱的环节之一。缺乏理财教育或者缺乏快速致富的渴望导致他们把自己应该能够赚到的钱也没有赚到手。

正如富爸爸常说的那样："我们最大的损失是我们没有赚到那些原本能赚得到的钱。"

第十二章

这是在赌钱，而不是在投资

"最大的窃贼是心存希望。"

——富爸爸

卖梦想，买谎言

在股市即将步入巅峰时刻所举办的一次午宴上，一位女士举手问道："我刚刚买了某公司 500 份蓝筹股，你觉得我的投资怎么样？"

我问道："你为什么要买这些股票？"

"因为我的经纪人说它们将要升值。我买的时候每股 55 美元，经纪人说它们在 6 个月内至少会涨到 75 美元。目前，它们的价格已经涨了一点，所以，我想赶在下次上涨之前再买 1 000 股。你觉得我应该再买 1 000 股吗？"

要求提供退款保证

若有所思稍做停顿之后，我决定不管是谁为这群人的午餐买单，我还是要把我想说的话说出来。我给她的回答是："股市已经涨得相当高了，到了最危险的点了。如果股票没有达到每股75美元，那么按每股55美元卖给你股票的那些人会给你提供退款保证吗？如果股市崩盘，这家公司会把钱退还给你吗？"

"退款保证？"这位女士弱弱地问道，"股票经纪人还提供退款保证？"

我没有回答她的问题，继续说道："嗯，多数饭店承诺如果顾客对饭菜不满意就退款。如果对出售的产品或提供的服务不满意，多数百货商店和许多企业也保证退款。为什么你的股票经纪人不提供呢？"

"股票经纪人提供退款保证吗？"她再次问道。

我说道："据我所知，没有人会提供。"

"那么你为什么要问我这个问题呢？"

"因为我想知道为什么你这么愿意听股票经纪人用水晶球预测的未来，即你的股票会从55美元/股上涨到75美元/股。你购买这些股票只是因为你希望它们会升值，还是你真的想拥有这家公司的股份才购买的呢？假如股价跌到每股30美元，你还会买那只股票吗？你还会为购买了它而感到高兴吗？"

"我想不会，"她说道，"我之所以买这只股票是因为我认为它会升值。除非像他说的那样每股涨到75美元，否则我不会买的。"

"那么就跟你的经纪人要一个退款保证吧。要是他所任职的公司是一家值得尊敬的公司，那么，如果你对他们卖给你的产品并不满意的话，他就应该给你提供退款保证。几天前，我去百货店买东西，如果我对一件衬衫不满意，他们就会退给我钱。这就是为什么我喜欢去那里购物的原因。因为他们承诺无理由退货。"

经理出面干预

此时,房间内开始出现不安与骚动。最后,股票经纪公司的区域经理站了起来,尽最大努力挽救他的客户群。"推荐此股的正是我的一个代理商,"他说道,"我们公司对这只股票持非常乐观的态度,也正在荐股。很明显,作为一家营销理财产品的公司,我们不能做出任何保证,我不知道有哪家机构可以做出这样的保证。"

我回答道:"我知道。"

我的话音刚落,整个房间顿时鸦雀无声。此时,我知道这家公司再也不会邀请我来出席这种活动了。这时刚才发问的那位女士问道:"谁能提供一个退款保证?"

"你的贷款银行,"我答道,"或者我应该说你给你的贷款银行提供了退款保证,也就是在你的贷款银行借钱给你时,你向银行提供的。事实上,这也就是抵押贷款的基本含义,一份退款保证书。如果你不能把贷款及时还清,你已经同意让他们追着你要债,直到你把房子给他们,或者他们把房子拿走。"

"也就是说,如果我的股票经纪人说一只股票会涨到每股75美元,我就应该要求他提供退款保证?"

我答道:"也许你应该这么做。"

"但要是他们不给我保证怎么办?"

"那么你就应该给你自己一个退款保证。这才是精明的投资者要做的事。"

"如果我不能给自己一个退款保证呢?"她问道。

"那么只能说你是在赌钱而不是在投资。真正的投资者不是赌徒,然而,这个世界上到处都是自认为自己是正在投资的赌徒。"

你为什么投资

在《富爸爸穷爸爸》一书中,全书关注的两个最重要的词是"资产"和"负债"。在本书中,我将要讲述"现金流"和"资本收益"这两个最重要的术语。

当一个人说"我是因为它会升值才购买这只股票(或房地产)的",这人最有可能是在为资本收益而投资。富爸爸过去常说:"资本收益是赌钱人的梦想。真正的投资者首先要为'现金流'而投资,而不是为'资本收益'。"那位请教我有关在55美元/股时购买股票,并且希望它们会升值到75美元/股的女士是在为"资本收益"而投资。在富爸爸看来,资本收益是在赌未来,而不是投资。

富爸爸说过:"当你为了'现金流'而投资时,你就是在为'退款保证'而投资。如果你为了'资本收益'而投资,你就是在为'希望'而投资。而最大的窃贼就是心存希望。"

认为自己是投资者的赌钱人

此时此刻,有一个并不好回答的问题,它就是:为什么很多人是为了"资本收益"而投资,却不是为"现金流"而投资?

答案要再次从你听任自己说这些话所带来的危害中寻找,如"我买不起""这种事你做不到""风险太大"。你变得易于受到金融大鳄的伤害。金融大鳄用来骗人的工具之一就是对投资者承诺一个美好的未来。他们会说："3年之内本房地产的价格会翻番"，或者说"股市每年平均上涨6个百分点"。

富爸爸过去常说："不能发现眼前投资机会的人常会把宝押在对明天的承诺上。他们靠希望活着，而不是依赖自己的智慧。他们心存梦想，所以，他们很容易购买'谎言'。"

投资者 VS 赌钱人

我曾经向富爸爸讲述过我的一个房地产方面的投资。我认为这个投资有可能让我赔钱，因为每个月的租金收入不足以支付房贷和经营它所需的费用，它产生的是一个负现金流，而不是一个正现金流。多数退休金计划建立在希望和对未来承诺的基础上。这对我来说没有多大的意义，但对数百万希望在他们赚钱比赛的第四节之后他们的钱还在那里的投资者来说，它似乎意义重大。

富爸爸过去常常咯咯地笑着说："不用动用很多财商就能找到一个让你赔钱的投资。市场上充斥着告诉你如何去做的理财专家，你所要做的只是把你的钱交到他们手里。"富爸爸还说过："任何人都能发现赚钱的投资。为什么人们给替他们投资的'理财专家'支付的报酬要比给我的还要多？"

真正的问题是：许多人何以能够如此地轻信这些伪专家？虽然答案有很多，但其中一个答案是因为他们不能找到今天的现金流，他们在为明天获得资本收益这一希望而投资。此外，他们的投资是没有退款保证的。

大量花言巧语的劝诱

问题是：这种每月赔钱且成年累月地赔，而且还没有退款保证或灾难性损失保险的投资理念，怎么会有数百万人受此投资理念的欺骗，并且相信这种投资是聪明的投资呢？这一定是世界历史上最大的规模性销售之一，这种销售只能发生在幼稚的理财人群当中。事实上，这远不止是一种销售，它更是一种花言巧语的劝诱。

今天，虽然学校开设了一些财商教育课程，通过教小孩子们如何弃用信用卡、还债结账并且挑选股票，但是这种花言巧语的劝诱依然在上演。股市行业正在努力把目标锁定在我们的教育系统中的年轻人，以便把他们发展成其未来的客户，只是他们只想把这些年轻人培养成追求资本收益的赌钱人，而不是变成为现金流而投资的精明的投资者。

为什么人们会赔钱

在我看来，人们之所以为明天投资而不是为今天投资的主要原因是：在他们的心目中，他们找不到或者无力支付能在今天带给他们回报的投资。当一个人找不到能在今天带给他们回报的投资时，他们常常就会成为明天的信徒，这让他们成为追求资本收益的赌钱人。这就是为什么很多人赔钱的原因。即使每个月只损失一点，但他们愿意赔上这点小钱，只要心怀希望，他们相信自己的船明天将会抵达彼岸——兑现承诺。这些人因不懂得"现金流投资"和"资本收益投资"之间的区别而沦为金融大鳄的猎物。

投资者为了什么而投资

富爸爸说："投资需要的是对今天有意义，而不是对明天有意义。"富爸爸没有把关注点放在哪种投资方式才是最佳的投资上，是股票、债券、共同基金，还是房地产或企业，而是教他的儿子和我要为以下目标而投资：

1. 现金流
2. 税收优惠
3. 资本收益

你也许想再看看富爸爸强势投资的方法。富爸爸的方法在有稳定的现金流时最为奏效。没有现金流的话，也要有一定的税收优惠，这是另外一种形式的现金流。对富爸爸而言，资本收益并不那么重要，有没有资本收益，他的强势投资方法都是有效的。

富爸爸确信他获得了退款保证。对他而言，资本收益只是额外的收获。这就是为什么它被排在了投资顺序的第三位。

很遗憾，大多数人将资本收益作为他们投资的第一选择。他们只知道应该低价买高价卖。根据美国税法，买卖之人被归为商人，而不属于投资者。当你观察现金流象限时，那些买进卖出的人处于S象限，而不是处于I象限。

在房地产领域，许多人在忙着炒房、快速赚取差价和打包倒手（即与卖主签好合同，暂时不转契约，帮卖主还贷，可略加装修，待找到出更高价的买主，最后与买卖两家同时过户）。他们优先考虑的是为一个更高的价格而买进卖出,这是在为资本收益而投资,而不是为现金流而投资。在大多数情况下,根据美国联邦税务局(IRS)和相关税法的规定,这些人的风险在于他们会被归为交易商,而不是投资者。如此一来,他们的税赋要高于投资者。如果在美国没有适当的法人实体和税收规划,为资本收益而买卖的人可能会被按自雇主征税,可能会被征收自营人员税和一般所得税。当我与很多炒房者交流时,他们声称他们没有交纳过这些税收。只要他们还是小打小闹时,这也许是真的,但如果他们取得了成功,开始大进大出,从炒房、快速变现和打包倒手中赚到很多钱时,他们就发现政府的收税员会入户催交税款。同平时一样,因为情况因人而异,你需要与具备专业资格的会计师和律师进行商量,以便更加准确地了解各州相关税法的规定。

丧失了止赎权该怎么办

在与一群房地产投资人交谈期间,我谈到了我对商人和投资者之间差异的理解。房间中的一位年轻人举手问道:"如果我购买了一项止赎房产,那么我是商人还是投资者?"

我的回答是:如果你购买了一项止赎房产,并用来出租,收获现金流,那么你就是处于 I 象限的投资者。如果你购买了止赎房产,只是为了快速变现,或者打包倒手,也就是说以更高的价格卖给别人,那么你就是在为资本收益而投资,你就是处在 S 象限的商人。"

另外一人举手问道:"零首付投资如何?如果你零首付购买房地产,你还是一个投资者吗?"

我的答案跟刚才的问题还是一样的。"你是打算为了卖一个更高价格而炒房呢，还是计划用来租赁？你想长期投资还是短期投资？这才是要紧的问题。"

很多人会坐在那里观看股市涨跌。当道琼斯工业平均指数攀升时，他们会兴高采烈；而当这个道指下跌时，他们则闷闷不乐。这些人一般都是为资本收益而投资的。他们常常被人称作"大势投资者"（Momentum Investors）。当股票价格走高时，他们购进；而当股票价格走低时，他们卖出。正是这种大势投资的理念造成纸资产价格的起伏动荡，对小股民来说风险巨大。

当我听某人说："我购买的房产升值了。它目前的市场售价为5万美元，比我购买时的价格要高很多，我赚钱了。"我就知道这个人是为了资本收益而投资的人。

不管你投资什么资产，如果你想成为一个强势投资者，你就需要以企业主的视角来看待投资。企业主懂得现金流和税收优惠所形成的虚拟现金流要远比资本收益重要得多。

谁是最大的输家

本章的要点在于举例说明为什么很多人认为投资有风险，以及为什么数百万人会在股市上损失几十亿美元。原因就是大多数人为资本收益而投资，并非他们听从了低劣的建议或缺乏基本的财商教育。

多数共同基金的情况也是如此。我发现很多共同基金经理劝告他们的客户做长期投资，而他们自己大多却在做着完全相反的事情，这实在让人啼笑皆非。多数共同基金经理会在压力之下通过低买高卖而快速赚钱。他们什么投资都做，就是不做长期投资。他们建议客户进行长期投资，自己却不遵照执行。为什么呢？因为他们在为资本收益而投资。

真正的投资者是为现金流而投资的人。为什么呢？因为他们不相信希望。他们与你的贷款银行和税收部门相信同样的东西，即退款保证。

经验之谈

人们投资希望而不是退款保证乃是因为他们找不到今天能够让他们赚钱的投资。我会在后面章节中讲述除此之外的其他原因。

下一章将要讨论某些投资者发现可以在今天而不是在明天获得回报的方式。

富爸爸鼓励我把所有的投资看成一家企业。一旦你找到一个可以定期给你带来现金流的大企业，那就抓住它不放。正如沃伦·巴菲特所说："我喜欢买企业，不喜欢卖企业，而且我期望跟它们保持一辈子的关系。"

咨询专业人士

这种投资方法的许多内容在《富爸爸穷爸爸》一书中只有非常简单的论述。本书的不同之处在于我会尽最大努力讲述得更加详细，但是要避免过于细枝末节。跟我所有的书一样，我劝告你首先咨询受过职业训练的专业人士，比如会计师和律师，他们可以对书中所探讨的观点作进一步的阐明。

我想提醒你注意自己的思维所具有的能量，并且要慎言"我不能"或"你无法做那事"。自言自语说这些话的人正是将他们的钱交给陌生人,并且奇怪为什么没有获得如预期般巨额回报的人。永远要记住理财服务行业不提供退款保证。因此,你有必要成为能够保证你自己的钱还能回到自己手中的人。

第十三章

如何发现极好的投资机会

> "当别人贪得无厌时,你要心生恐惧;当别人畏首畏尾时,你反而要心生贪念。"
>
> ——沃伦·巴菲特

旅鼠的生与死

上小学时,老师在班上放了一部关于旅鼠生命周期的电影。看到旅鼠妈妈生下小得可怜的旅鼠宝宝时,全班同学十分兴奋。随着招人喜爱的毛茸茸的小家伙们玩耍、养育和成长镜头的播放,我们时而放声大笑,时而咯咯欢笑。接下来,虽然旅鼠们长大了,但它们仍然毛茸茸得惹人爱。突然,当镜头切换到"成千上万的旅鼠集体跳进悬崖下面的大海游向海洋(也游向死亡)"时,我和幼小的同学们屏住了呼吸。

数百万投资者的行为就像是旅鼠一样。但是,他们丧失的不是生命,而是其一生的储蓄。为什么会发生这种事?一如既往,原因有很多。其中一个原因是投资者盲目地随大流:做的是流行的事,却不是赚钱的事。当股市开始暴涨时,"旅鼠们"开始从它们的洞穴里探出头来。在看到自己的朋友变得富有之后,它们也不想错失动手的时机。于是，许多"旅鼠"离开安全的洞穴，随大流亦步亦趋地跳进悬崖下面波涛汹涌的股市海洋之中。

没有跳下海的旅鼠会怎样做

当然，并非所有的"旅鼠"都会跳下悬崖，纵身股市的海洋。当许多人意识到股市正在下跌，并且利率也在不断下降时，他们会跳进房地产和债券市场。他们仍然是旅鼠，照样随大流。

为什么说这个主意很糟糕呢？因为其他所有人现在都投资房地产和债券，这使得它们成为有风险的投资，而不是人们正在寻找的安全投资。当利率下降时，投资债券的风险就会越来越大。在利率下降时购买债券非常类似于在价格上涨时购买网络公司的股票。

利率下跌时，房地产价格通常会上涨。随着房地产价格的上涨，越来越多的投资者开始投资房地产。如此一来，使得房地产变成了一个有风险的投资。

最差的投资时机

"当出租车司机和擦皮鞋的男孩也在投资时，就到了退出市场的时候了。"这句话很有道理。富爸爸过去常说："最差的投资时机是行情不错的时候。"

富爸爸没有教他儿子和我去追逐下一个热门的投资趋势，而是教我们在行情看涨时卖掉无利的投资，在行情低落时购进赚钱的投资。他说："从你的投资组合中剥离不良资产的最佳时机是'行情不错且业余投资者正在市场上购进的时候'。"在2000年和2003

年之间，当利率下降和房地产市场上涨时，金和我开始廉价抛售那些收入仅敷支出的房地产投资，而销售对象就是那些绝望地逃离股市继而进入房地产市场的投资者。

我们出售的一项资产是金和我在1989年以5.5万美元购买的。2003年我们出手时，它的售价接近10万美元。因为租金没有上涨，房产的维护费用却不断增加，而且与我们其他的房地产相比，该公寓似乎也不会增值。另外，该房地产与我们其他投资相比，其额度较小。它在不到两周的时间里就被卖出去了。

虽然它不是一个极好的投资，但在14年里，我们每月实实在在从这套公寓身上收到1 000美元的租金，而且它很少有闲置的时候。我们曾经有一个房客在这个公寓里生活了7年多。

经过14年（168个月）之后，我们赚取的毛收入约为：

$$168（月） \times 1\,000（美元/月）= 168\,000 美元$$

我们没有向银行申请房贷，因为我们在购买这个房地产时是用现金支付的。我们的支出微乎其微，但我说过，维护费用在上涨。虽然它不是一个极好的投资，但在14年多的时间里，它产生的回报是我们当初投入资金的300%。从严格意义上讲，在第15个年头之后，这个房地产对我们来说已经是免费的财产了，因为我们已经赚回了最初投资的5.5万美元以及在其他房地产上再投入的钱。

寻找投资

前面这段故事的要点并非吹嘘小投资的好处，它意在阐明为什么有些投资者找到了极好的投资，而很多投资者却找不到的原因。

为什么众多投资者找不到极好的投资，这里存在一个主要的原因，我称之为"旅鼠因素"。当投资者因为其他投资者正在购买而购买时，旅鼠因素就发生了。在大多数财经出版物中，我们经常看到"××基金在过去5年中回报率为36%""5星级基金"等诱人的广告语。正是这些广告在吸引旅鼠的加入。一般情况下，如果"回报率36%已有5年"是真实的，那么，这通常就意味着这只基金的好日子快到头了。在房地产行业，当"旅鼠"们知道某位朋友或一上班族以12.5万美元买了一处房产、并在3个月后以16.5万美元卖出时，他们就会受到吸引，并加入这一行列之中。正如富爸爸常说的那样："成功的故事会引诱易上当受骗的人进入市场。"

从经验中吸取教训

当时我还只是一个小孩子，关于旅鼠的那部电影却在我心中留下了一个让人痛心的画面，那就是旅鼠会一而再、再而三、年复一年地做同样的事情。

投资的情况也同样如此。正如富爸爸所说："因为人们会重复同样的错误，所以机会也会不断地出现。"他还说过："寻找极好投资的方式之一就是要成为研究其他投资者所犯错误的专家。"最常犯的错误就是在行情看涨时人们变成了旅鼠。换句话说，一旦某投资项目成为热门投资或者为众人所知，此时再进入为时已晚了。所以，我给出的忠告是：当市场升温时，千万不要做一只旅鼠。虽然这些话听起来完全是常识，但当所有人都跳下悬崖时，不步人后尘常常难以做到。

人们所犯的主要错误就是投资已经大众化的理财产品。在此，我要重述沃伦·巴菲特的一句话:"大部分人在所有人看好某只股票的时候开始对它感兴趣,其实应当在没有人看好它的时候就该对它予以关注。"

找到极好投资的 7 种方法

富爸爸在教他儿子和我如何寻找极好投资的时候,只不过是教给我们阅读财报,把握趋势,咨询优秀顾问,而且最重要的是不要投资大众化的理财产品。他说:"如果你打算成为一个成功的投资者,你需要能够发现极好的投资且不能错失良机。"在我看来,许多人将他们的钱交给陌生人是因为他们不知道如何寻找极好的投资。以下为寻找极好投资的 7 种方法,你既可以在市场繁荣时用,也可以在市场萧条时用。其中,多数方法有一个共同的前提,那就是不要做旅鼠。

寻找极好投资的方法之一:记住人都是旅鼠

最简单也是最好的寻找投资的方法就是等待业余投资者进入市场。业余投资者总是入市较晚,通常在市场见顶时才进入。一般情况下,因为他们迟到了,所以,他们成群结队地涌入,造成一阵狂乱,从而推高价格,因此这些业余投资者就要花更多的钱来购买。市场总会崩盘,而在市场崩盘之后,真正的投资者会退出市场,寻找性价比最佳的投资。不管是企业、纸资产、房地产还是商品期货,对于任何资产种类而言,这一点都是适用的。这是经过历史证明了的真理,我敢打赌,它在未来仍然是真理。

生活中的一天

我常常被人问及我是如何发现极好的投资机会的。下面的例子可以说明我在市场上是如何眼观六路、耳听八方,因此而找到好的投资项目的。不管行情好坏,我每天都会花些时间跟业余投资者和职业投资者交谈,这就是我掌握行情的方式。

突然有一天,一位朋友的女儿来见我,告诉我她在房地产上赚钱了。她购买了3处小房产,倒手之后,总共获利9 000美元。她非常兴奋,想辞掉工作全职炒房。跟她交流之后,我确信房地产泡沫已经接近破灭,因此我需要格外地小心。当行情快速上涨、业余投资者也能快速赚钱的时候,在我看来,这意味着市场顶点近在咫尺。当业余投资者开始辞职时,就意味着市场马上就会触顶。正如亨特·汤普森[①](Hunter S. Thompson)曾经写道:"当行为怪异到不可思议时,古怪之人就变成了专家。"

同一天上午稍晚些时候,一位朋友打电话说他有一块宝石要出售。他说:"我的企业遇到点麻烦,销量下降,我还有好多账单要付,你对我的宝石感兴趣吗?如果你肯出钱买下我的宝石,我就能坚持几个月,直到圣诞节。圣诞节过后,我完全可以把宝石买回来,并且多付给你25%。"因为我无法鉴别它是宝石还是一块玻璃,所以我放弃了这个机会。

吃过午饭,一位新加坡的朋友发来电子邮件,问我是否想购买他在新西兰的几处房产。他在邮件这样写道:"在最近一次房

---

① 亨特·汤普森,美国著名作家,著有《朗姆酒日记》《拉斯韦加斯的恐惧与厌恶》等。——编者注

地产投资时，我的步子迈得稍微大了一点，我对某处房产开始重建，但重建的成本超出了我的预期。我的钱花光了，还有抵押贷款要付。银行正在向我施压，我压力很大，急需10万美元资金才能完成此工程，这样我才能再卖掉它。我在新西兰有3块地皮，如果你愿意马上接济我10万美元的话，我想按照评估价卖给你。"

我回信问道："这3块地价值几何？它们位于哪里，你为了什么要卖掉它们？"

他再也没有给我回信。不难想象，接下来，银行会给他更大的压力。

晚饭后，我的妻子金接到我们一位房地产合作伙伴的电话。他带来的消息是："购买者出局了，因为最后一家银行拒绝了他的贷款申请。"

"这么说等了9个月之后，这个房地产最终是我们的了？"金问道。

"没错，比我们最初的出价还便宜。"

"太好了，"金笑着说，"谈妥条件，让我们启动尽职调查程序吧。"

在这个电话打来之前的11个月，我们的团队拥有一处同样的房地产，已经用一个购买意向书使之不能出售。但卖主没有卖给我们，而是卖给了另外一个出价比我们高很多的购买者。现在，那个开价更高的买家陷入了财务困境，急于退出。因为他没能关照好租户，他们匆忙地搬走了，所以他每个月都要赔很多钱。因此，他不仅在贷款上赔钱，而且还因为租户搬走而损失了大笔租金。

他在 5 个月后打电话给我们，提出要把此房产卖给我们，但价格更高。我们拒绝了他，于是他就把它卖给了另一个新买家，他认为这会弥补他的过错。当他的这个新救星因为找不到投资的钱而要退出时，当初那个打败我们的购买者此时电话联系我们团队。他愿意赔钱出手，价格比我们当初的报价还要低。他已经被折腾得够呛了。他起初认为房地产投资很简单，但对他来说这并不容易。他很快就赔钱了，只想退出。他没有时间等待下一个新买主。在经历了一次长时间的耐心等待之后，这个房地产现在属于我们了。

机会会重复出现

"机会会重复出现，"富爸爸说，"你可以依靠人们一次又一次地犯同样的错误而赚钱。犯错的人会变化，但错误依然如故。通过成为深谙某种错误的专家，你将变得富有。当人们不断地犯错时，市场就向你提供了世界上某些最佳的投资机会。"

沃伦·巴菲特说过："我只是去市场上看看有没有人将要做什么蠢事而已。"

更大的傻瓜

在投资领域，玩资本收益游戏而不玩现金流游戏的人常常是在玩博傻游戏。例如，当某人说："我在 25 美元/股时买入股票，等到 35 美元/股时，我就卖了它。"或者他会说："这处我以 25 万美元买的房产，我的经纪人说 5 年之内它就升值为 35 万美元。"这些都是博傻投资人说的话，前提是存在一个比他们更傻的傻瓜，而这种傻瓜常常又是存在的。事实上，我可以说大多数投资市场是建立在这种博傻理念基础上的。任何市场只要在更傻的傻瓜跑光以后了，它将变得萧条。当最后一个傻瓜转身发现卖给他股票、企业、共同基金或房地产的那个傻瓜消失了，并且不再想买回资产时，这个市场也就到了关门的时候了。当傻瓜开始逃走，最便宜的买卖就开始出现。正如沃伦·巴菲特所说："当别人贪得无厌时，你要心生恐惧；当别人畏首畏尾时，你反而要心生贪念。"

发现极好投资的最佳时机

发现极好投资的最佳时机是在旅鼠们奔向悬崖，并且贪婪之心滋生出更大的贪婪之时。富爸爸喜欢用这样一个公式来阐释这一时机：贪婪+愚蠢=机会。

因此，要记住下述5个发现投资的教训。还要记住在谈到投资时，大多数人都是旅鼠。

1. 旅鼠动身晚，而投资者入市早。不论是购买还是卖出，情况都是如此。

2. 在行情不好的市场上要比在行情不错的市场上更容易发现极好的交易。

3. 当市场行情变糟糕时，旅鼠就会藏身于地下的洞穴；而投资者却是倾巢而出，而且即将致富。

4. 在行情好的市场上你仍然可以赚钱，你只需成为一个更精明的投资者就可以了。当行情火爆之时，反而是市场最危险之时，所以，你要加倍小心。

5. 当行情看好时，最难做到的事情是"不要做一只旅鼠"；当行情变糟时,最难做到的事情是"做一个投资者"。

寻找极好投资的方法之二:个人的悲剧或灾难

发现极好投资的第二种方法是借助于对个人悲剧和灾难的观察。尽管我也这样做过,但我并不喜欢用这种方式来发现极好的投资。

很多年以前,我发现一处房产待售,卖房者是一位男士,他刚刚失业,还有两周的时间银行就要取消他的抵押品赎回权了。他说道:"只需支付我欠银行的那些钱,你就可以得到这个房子了。"

我答道:"我不想那么做。"

他说:"哎,你要帮我和家人脱困啊。"

"我要是买了又能怎样?"

"如果你能付给我应该付给银行的那些钱,买下这房子,我就不会在信用评级上有不良记录了。等我缓过气来,我就有能力为家人买一套房子。如果我的信用有了丧失止赎权的记录,再买房子就会很困难,我会支付更高的利息。"

虽然从这个人手里买下这个房子让我感觉并不舒服,但我知道他在请求我帮助他,而不是乘人之危剥削他。

问题的要害在于,当人们遭受悲惨之事打击时,许多人会绝望地出售自己的财产。虽然这是一个投资良机,但我建议你要凭良心做事。

寻找极好投资的方法之三：经济衰退

经济衰退时常会发生，这再次证明了一点：购买机会会重复出现。很明显，经济衰退不仅会给工商业带来灾害，也会给个人带来不幸。经济衰退期间，许多公司会折价出售它们的企业及其设备予以变现。个人住宅价值缩水，而且个人用来显摆的消遣品如汽车、海边别墅和游艇也会低价出售以换取现金。人们会发现自己资产多多（或玩物很多），但手中现金空空。

某网络公司的创立者就是一个很好的例子。当他的股票大涨时，他购买新车、豪宅和许多玩物（在《富爸爸现金流》游戏中我们称之为"小摆设"）。而当网络股暴跌之后，还是这个人，他不得不尽快卖掉车、房子和玩物，以便筹集足够的现金，只是为了活下去。这种财产抛售对于寻找"小摆设"的人来说是一个极好的机会，他们可以按照大甩卖的价格用现金收购这些东西。看到有一个愿意购买的人，卖主高兴，而用比零售价还低的价钱买到他们喜欢的"小摆设"，买主也高兴。

与此同时，网络公司的家具和计算机设备等资产也以非常低的价格进行出售。通过资产变卖，公司得以筹集到现金，而购买者得以买到几乎全新且仍很值钱的二手家具和计算机。

再说一次，我不喜欢在人落难时做交易，然而，就算你只是支付了很少的一部分钱，但有时候你却可以真的帮助某人摆脱困境。凭你的良心去做吧。只有你自己才可以在早上起床后从镜子里看到自己是不是心中有愧。

寻找极好投资的方法之四：技术、政治或文化出现变化

1986年，美国政府对税法做了修改。《美国1986税务改革法案》使得医生、律师、会计师、建筑师和其他处于S象限的专业高薪人员难以享受与商人享有同样的税收优惠。这一改变造成了1987年股市的崩盘，并且同样造成几年之后的房地产暴跌。

仅仅是因为税法的改变，突然之间，由医生、律师、会计师等诸如此类的人组成的"甩房团"差不多都在廉价出售大量的房地产，以换取现金。因为税收优惠被取消，造成房地产价值的下跌，但价格下降得太多，以至于美国政府不得不出面加以干涉。为了找到将几十亿的廉价资产出售来换取现金的途径，政府组建了重组信托公司（Resolution Trust Corporation）这一资产处置机构。

在此期间，恐惧弥漫。许多人就像旅鼠一样把自己掩藏在洞中，而不是外出投资。同样是在这一时期，金和我更加努力地工作，通过我们的企业赚取更多的钱，因此，我们能够从政府手里购买很多廉价的房地产。税法的这一简单改变使得金和我实现了财务自由。

每天都有变化

今天发生了比以往更多的组织、技术、政治和文化等方面的变化。每一个变化都为投资带来了新的机会，也为赔钱带来了新的机会。我所观察到的某些变化如下所述。

- **增加的人口**

根据美国人口普查的数据显示,截至2010年,美国人口总数为3.08亿。在以后的若干年里,美国总人口预计在3.5亿至4亿之间。虽然我不知道中国和恐怖主义对股市意味着什么,但我确实知道美国人口如此增长将对房地产是个重大利好。我经常对抱怨房地产过于昂贵的人说:"如果你认为今天的房地产价高,那你等10年之后再看看。"我还说过:"即使20年前很贵,难道你就没有想过那时要多买些房地产该多好了啊?"虽然房地产存在着每年平均上涨6%的趋势,但那也不是任何老房产都可购买的理由。

- **人口老龄化**

西方国家的人口正在快速老龄化,越来越多的劳动人口正在接近退休年龄。今天,在许多欧洲国家,政府陷入债务危机,囊中羞涩,无法继续支付退休福利,不得不减少退休金数额或推迟退休年龄,因此爆发了民众抗议。

- **年龄成为负债**

当我还是一个小孩子时,年龄是一项资产。我父母知道,他们年龄越大,他们作为工人的价值就会越大。在现今的世界,由于科技的变化,你的年龄越大,你就越跟不上形势的发展。当我和今天的年轻人谈话时,我常常告诫他们要像专业运动员一样思考,因为运动员可以在25岁时成为明星,等到了35岁时他们就开始走下坡路了。

· **工作岗位流失国外**

几年前,人们对蓝领工作岗位离开美国流失到墨西哥等国家忧心忡忡。今天,白领工作岗位也在流失。原因何在?因为与付给一位美国工商管理硕士30万美元的年薪相比,一位印度工商管理硕士只需支付3万美元年薪,显然后者要便宜得多。作为一种趋势,这种雇佣国外劳动力成本较低的员工工作的机会只会有增无减。

· **中国在制造市场的优势日益凸显**

任何能在西方国家制造的东西都能在中国以更低的成本制造出来。这种变化需要我们密切关注。

· **恐怖主义**

恐怖主义是卑鄙的,它可以发生在任何地方。恐怖主义降低了人们的安全感。如果人类的安全受到了威胁,金钱就将趋向消失于无形,而不是大肆地用于投资。

· **战争**

战争是可怕的,然而它常常意味着巨大的变化即将到来。英国、法国、德国和日本全都曾经是美国的敌人。今天,它们是美国最坚定的盟友。有时在我们成为朋友之前必须要先打一架。关键在于,因为战争时期绝对是一个购买低价资产的好时机。

在第二次世界大战期间，日本占领了菲律宾，将那里的许多企业占为己有。其中一个企业是黄金开采公司，这是一家在纽约股市上市的公司。日本攻陷这个国家并且夺取这个公司之后，这个矿业公司的股价跌到几乎为零。但还是有一些人以极低的价格急切地购入这只股票，并且在战争接近尾声、该矿业公司重新站稳脚跟的时候大发其财。

我很早就以企业家和投资者的身份作为创业的起始，乃是因为那样我可以用一生的时间学习如何在 B 象限和 I 象限取得更好的成绩，而不是在 E 象限和 S 象限表现良好。我知道如果我拥有自己的公司，并且为自己而投资，我就不必担心其他人控制我的生活、决定我赚多少钱、规定我何时休假以及何时退休。虽然我在 25 岁至 35 岁人生赚钱比赛的第一节失败了，但在后面的几节里我在企业经营和投资方面做得越来越好。在 35 岁至 45 岁的第二节赚钱比赛中，金和我得以实现财务自由，仅凭投资所获我们就可以衣食无忧。

《福布斯》杂志谈论笨鸟学生

《福布斯》1921 年的某期杂志发表了一篇标题为《成绩最差的学生业绩却一流》的文章。文章探讨了许多学习成绩评分最低的学生做出世界一流贡献的话题。

例如，因为"笨到无法学习"托马斯·爱迪生（Thomas Edison）被学校开除，老师曾经称西屋电气创始人——乔治·威斯汀豪斯（George Westinghouse）为弱智，有"现代商业鼻祖"之称的弗兰克·伍尔沃斯（Frank W. Woolworth）或许就没有通过文法学校的毕业考试，可怜的烟草大王詹姆斯·杜克（James B. Duke）就没有受过教育，据说美国银行家乔治·贝克（George F. Baker）年轻时曾经做过夜班警卫员。

在前20名一流人才中，没有一个在35岁或40岁时就已取得突出的成就。在他们抵达成功之巅以前，他们几乎全都经历过备受折磨的煎熬。

欲望与逻辑

当我在25岁开始人生之旅时，我的富爸爸和穷爸爸都知道我在学问上并不是一个聪明人。我的穷爸爸是学术方面的能人，他对我说："你永远是一只笨鸟。"

因为我不是一个学习能力很强的人，所以我的富爸爸说："你需要致力于循序渐进地学习，并且是不间断地学习。"他还说："欲望会把你带到逻辑所不能带到的地方。"直到50岁时我才写了第一本国际畅销书。因为我的写作水平很差，所以中学时有两次不及格，我在今天却写了许多本《纽约时报》上榜的畅销书，表面上看这似乎不合逻辑。

大学刚毕业时，大多数同学都比我挣的钱多。今天，我挣的钱要远远多于多数学习成绩很好且工资很高的同龄人。因为我悟道较慢，所以我在人生的后期才取得了理财的成功。因为我学习比较迟钝，所以我花了很长时间才起步，并且获得自己需要的教育和经验。但是，只要是迈出沉重而缓慢的步伐，即使中间很多次我都想过要放弃，因为我坚持永不言弃的信念，所以我最终发现了自己所需要知道的东西。因此，不管你的年龄有多大，不论你有多少钱，你都要学习投资。如果每天都能学到新东西，你就会在赚钱比赛中取得更好的成绩。

寻找极好投资的方法之五：20—10—5周期

富爸爸说过："股市已傲然屹立于投资市场长达20年之久。随着第20个年头的临近，股市崩盘的可能性大增。崩盘之后，股市会持续走低长达10年。在这10年期间，股市低迷，黄金、白银、石油和房地产等商品期货市场统治着投资领域。每隔5年，这种大规模的灾难就会发生一次。"

小时候，我并不真正懂得富爸爸关于"20—10—5周期"的含义。尽管如此，我还是听从了他的建议。在1973年至1980年之间，我投资房地产和黄金这类被称为"硬资产"或"商品期货"的资产。你们中有些人可能会想起亨特兄弟（Hunt）操纵白银期货一事，当时的白银价格飙升至每盎司近50美元，而黄金价格几乎达到了每盎司800美元。就在1980年之前，商品期货市场崩溃。正如所预测的那样，从1980年到2000年，股市是投资世界的主宰。灾难似乎也是每隔5年降临一次。像股市崩盘、储贷危机、房地产市场崩溃这种事件，以及2001年"9·11"恐怖袭击这样的悲剧似乎每隔5年就会发生一次。

这个周期并非算命用的水晶球

富爸爸告诉我"20—10—5周期"的原因并不是让我成为一个

把水晶球用作道具的算命先生。他告诉我这个周期的原因是他想让我意识到变化。很多婴儿潮一代的人退休之后陷入财务困境，原因之一就是他们的投资总是停留在股市之中，而不是遵循"20—10—5周期"而变动。沃伦·巴菲特在1996年卖掉了大量的股票，并在2000年之前购进大批白银期货。我不知道他是否遵循了"20—10—5周期"，但他的投资模型似乎证实它是正确的。

如果这个"20—10—5周期"是有效的，那么，许多婴儿潮一代人将不可能退休，因为当他们应该处于商品期货周期时，他们却身陷股票市场，等待着他们的股票价格能够反弹。

我学会使用"20—10—5周期"的方法并不是把它当作一个水晶球，而是把它当成一个"展望未来时提醒我注意"的东西。例如，1996年，当黄金处于历史最低值——每盎司275美元时，我开始投资金矿。虽然此举受到还在银行业和股市投资的朋友们的嘲笑，但今天，他们笑不出来了，因为金价在不断地上涨。

换句话说，当20年的证券周期行将结束时，我开始退出证券市场，在黄金、白银、石油和其他金属期货市场寻找商机。当"9·11"恐怖袭击发生时，就是因为我知道股票20年的周期已经走到了尽头，所以，即使股票价格确实很低，我还是继续置身于股票市场之外。在"9·11"事件之后，我在房地产市场上寻找更多的投资机会，即便房地产价格很高，我也不涉足股市。

不要带着它去银行

这个"20—10—5周期"并不是我用来为我未来的理财下注的东西。前面我已经说过，它主要是一个市场运动周期的提醒物。

不管怎样，了解了它，我就有可能不会踏入到错误的周期当中。而发现良好投资的最好方式之一就是发现那些目前不受追捧但很快应该受宠的投资。

因为我喜欢房地产，而且我相信美国人口总量会保持不断增长的趋势，所以我会继续投资房地产。在日本，人口出生率是呈下降趋势的，在那里投资房地产我会比较犹豫。只有存在想租房的人，房地产才会升值。

在《富爸爸财富大趋势》一书中，我讲述过2012年和2020年期间股市大规模崩盘的可能性。判断这一崩盘的原因不是由于"20—10—5周期"，更多地是来自于西方国家的人口统计数字。到2016年，第一批婴儿潮一代人已经是70.5岁，创立美国401（k）养老金计划的法律条文中规定他们可以在这个年龄开始领取养老金。当他们必须缴纳个人退休金账户的递延税收时，就会导致他们出售财产，而这样做的目的是为了给他们提取养老金提供资金。

因此，请记住：即便在2016年前后股市交易真的火爆，并且没有崩盘，那么，不管股市会发生什么，你拥有的资产种类越多，你用来理财的房屋就会越安全。

寻找极好投资的方法之六：有朋友在企业里

我们大多数人都是成熟之人，足以知道最好的投资常常是不需要做促销广告的。在多数情况下，最好的投资会以最优惠的价格合法或不合法地卖给内部人士。我们经常看到的情况是，在小投资者获知一个极好的投资消息之前，投资价格就已经涨到很高了。由此造成的结果是，它成了小投资者们极差的投资对象。

发现极好投资的最佳方式之一就是拥有每天泡在市场上的商业伙伴。金和我能够发现极好投资，那是因为我们付给经纪人的报酬比其他投资者付给经纪人的报酬要多。例如，当许多投资者想法要求他们的经纪人降低佣金时，我们却付给某些经纪人全额的佣金，另外，还要分给他们投资利润的10%的提成。出于某种原因，比如慷慨，我们可能会首先得到极好投资的消息。因为在企业里面有朋友，并且让他们成为投资伙伴，我们得以在几处房产正式投入市场之前买到了手。

寻找极好投资的方法之七：付更多的钱

2003年初，有一位房地产经纪人找到金和我，问我们是否有兴趣卖掉我们的一处房产。我回答说："虽然我们真的对出售不感兴趣，但我们拥有的一切都是有价的。"

该经纪人问："你想卖多少钱？"

在考虑了一两天后，金和我说道："如果你出250万美元，我们就卖给你。"

"这也太贵了，"这位经纪人说，"190万美元怎么样？"话说到此，我们没有再继续跟他交谈。讨价还价就此结束。

没有人喜欢小气之人

富爸爸常说："没有人喜欢吝啬的人。不过出于某种原因，更多的人想要通过贪图便宜而致富。"在投资方面也同样适用。就我个人而言，我发现当人们设法不想付给我想要的那么多钱时，它真的是令人很不愉快。

不同的企业

富爸爸劝告他的儿子和我要搞懂商业模式，如此我们才可以成为更好的投资者。这样做的原因是基于这样一个事实：一项投资（包括房地产在内）的价值是与投资背后的商业模式相当的。前面我举过一个10英亩土地的例子。对于一个农场主来说，这片土地可能值1万美元，而对一个房地产开发商而言，这片土地可能价值10万美元。为什么在价值上会出现如此大的差异？答案是因为他们是以不同的商业视角看这片地。

一种侮辱

我为花费不到70万美元购买的一处房产要价250万美元，并不是因为我贪婪。我开出一个较高的价格是因为它在今天对我来说就值这么多。当经纪人马上要求我把价格压低一点的时候，我把它当成是一种侮辱。让我解释给你听。

当金和我购买这处房产时，它当时是一家汽车旅馆，因为空房率太高而陷入财务困境。让它陷入财务困境的原因是在它周边正在修建一些新的汽车旅馆。当金和我购买它时，我们计划改变它的商业模式，不再经营汽车旅馆，而是改成公寓楼，这是我们熟悉的商业形式。换句话说，它不是因为汽车旅馆而值70万美元，而是因为它是公寓楼才值70万美元，因为它占据了一个绝佳的地段。

在将它改为公寓楼之后，5年之内它将更加值钱，因为我们计划拆掉旧楼，建成一套一套的高档公寓，之后再卖掉它们。我们的方案是建成 12 套 3 室 2 卫带车库的公寓，每套售价至少要在 35 万美元，总价值为 420 万美元。这就是现在对我们来说这处房产至少要值 250 万美元的原因。它之所以值这么多是因为我们将要改变它目前的业态，而且我们期望通过新公寓楼的出售赚到这么多钱。

如果经纪人知道我们的计划，他会明白这处房产值得我们如此要价。如果它的买主能够放眼未来，也能看到商业模式的潜在变化，他可能就找到一种方式：既能付给我们想要的价格，又能赚到他想赚的钱。恰好相反，他只想图便宜，我们也就没必要跟他谈下去了。

我最喜欢的致富方式

时常人们会想办法低价购买一个好的投资产品，而后他们会失去这个投资机会。低买高卖不需要什么头脑就可以做到，但发现别人所看不到的机会则需要创造性的智慧。因此，在你为让自己想要的资产被低价出售从而伤害某人之前，看看你能否发现他们所不能发现的潜在价值。在我看来，这是致富的最佳方式。我已经用这一方法多次发现了极好的交易。我只不过寻找其他人所看不到的价值或机会，并且付给他们想要的价钱，这样一来双方都高兴。这就是我最喜欢的致富方式。

4 个基本要点

正如你所看到的那样，发现极好投资的方式何止一种。当你根据目前的市场状况选择哪种方法时，上述 7 种方法为你提供了某种灵活性。4个基本点是：

1. 知道你的点数，不要做一个靠猜赌钱的人。

2. 了解旅鼠所犯的错误。

3. 要慷慨大方。

4. 要有创造性。

如果将这4个基本要点记在心中，那么，你发现更好投资的机会将会大增。

第十四章

如何成为一个杰出的投资者

"你需要两份工作:一份由你来做,另一份让你的钱去做。"

——富爸爸

为你的钱找一份工作

在本书行将接近尾声之际,你或许已经体会到了我被人反复问及以下问题时的那种沮丧之情了:

- "如果你有1万美元,你会做什么投资?"
- "你推荐房地产,是不是?"
- "对我来说最好的投资是什么?"
- "我如何开始投资?"

当我听到此类问题,我知道这些人实际上是在为他们的钱寻找一个可以"下蛋"的地方。而这便是投资者要做的事情。

18 000 名员工

当我在华盛顿特区为一本书做巡回促销时,一个老大爷在停车场那边走近我,并且非常粗鲁地对我说:"你就是告诉人们要把钱投到房地产的那个家伙吗?"

我尽可能礼貌地回答说:"是我,可是我并没有告诉人们把钱投到哪里。"

"但你在搞房地产,是不是?"他问道,一边用他的铅笔轻轻敲打着我的前胸。

我把他的铅笔推开,回答道:"我教人们投资企业、房地产、纸资产和商品期货。我在所有的资产上都有投资。选择投资哪种资产是他们自己决定的事。"

"你看,"这个陌生的老大爷说,"我还有3个月就要退休,我需要知道把我的钱投向何处。我没有任何的退休收入,有人告诉我你可以帮助我。"

我平静地回答道:"如果你愿意学习成为一个投资者,我可以帮你。"

他反问道:"学做一个投资者,我要花多少钱?"

"那要看你的情况,"我答道,"你有多少钱可以投资?"

"银行里大概有18 000美元,我还有一套小房子和汽车,没有负债。"他答道,"这是我的全部资产。我的妻子几年前离我而去了。我在一家小公司当工程师,但公司经营得不怎么样。我喜欢为公司工作,但工资太低,没有什么真正的福利或保证。"

我默默地点点头,确实感觉到了他话语背后所隐藏的痛苦。

他的痛苦让我想起我的穷爸爸继续寻找工作时的痛苦,尽管他已经过了退休的年龄。最终我说:"好吧,或许你不应该退休。为什么你不把钱存到银行,继续工作,而且做你喜欢做的事情呢?"

"我很清楚,"他说,"好多年前我就知道该为了养老进行一些投资了,我无法骗自己说我会永远工作下去。我知道总有一天我不得不停止工作。我受过良好的教育,却因为丧失劳动能力和没有钱财照顾好自己而有一天成了社会的负担,想到这些我就害怕。我一直都是一个干活很卖力的人,不过我知道我能工作的日子总有一天会结束的。"

我俩陷入了长时间的沉默。正如本书前面所说的那样,我确实厌倦了一而再再而三地被问到同样的问题。之所以感到厌倦,是因为我没有一个简单的答案可以神奇地让一切再次变得美好。金钱、投资和长期理财的安全可不是用简单的答案就能解决的问题。

"你能给我讲述一些东西,帮我成为一个更好的投资者吗?"这个男人问道,意在获得关于他退休问题的快速解决方案。

我想了一会儿,问他:"你的职业是什么?"

"我是设备工程师,"他自豪地说道,"每天有25个人向我汇报工作。"

"很好,"我答道,"那你钱的职业是什么?"

"我……钱……的职业?"他结结巴巴地说,"我不知道,我只是把我的钱存在银行。"

"那好,"我笑着说,"那你钱的职业就是银行职员。"

"我不明白,你的意思是说我的钱从事的是银行方面的工作？"

"因为这就是你的钱为你工作的地方，"我回答道，"听我说，我的富爸爸教我要把我的钱当成我的员工。我的工作是为我的员工寻找工作的投资者。因此，你的18 000名'员工'正在银行为你工作。意思是说，它们是职业的银行职员。"

"我的钱在做银行方面的业务？"

"没错，"我边说边点了点头，"因为银行要为它们在那里的工作支付报酬，所以它们的职业是银行职员。"

他回答说："我从来没有用这种方式看它们。"

"银行对待你的员工好不好？给它们的工资高不高？"

这个工程师说："不好。"

"也就是说银行没有付给'他们'高工资了？"我问道，露齿一笑，知道他开始理解我的意思了。

"不高，"工程师笑了，他粗鲁的外表正在发生改变。"实际上，银行过去付给我5%的年利率，现在它付给我18 000名员工的年利率却低于1%。"

"是不多，"我答道，"福利怎么样？"

他问道："福利？什么福利？"

"福利好比说资本收益、税收优惠、免税贷款、免税收入等。你的员工从银行里得到过这些福利吗？"

"没有。我获得的利息是要交税的。我没有收到过任何的免税福利，"他稍微有些困惑地问道，"你的员工能得到这些福利吗？"

"绝对，"我说，"这就是为什么我的许多员工会在房地产企业'上班'的原因。房地产行业对待我的员工很好，发给它们很多额外的福利。"

"是些什么福利？"

"有可以用来投资的免税资金、享受税收优惠的资本收益、折旧的虚拟现金流、可以减税的费用、避免赔钱的保险、免受金融大鳄损害的保护措施等，还有好多好多。我在银行存了一点钱，但不多。跟你一样，我那银行对待我的员工也不好。"

"股市呢？"这个工程师问道，"股市对待它的员工怎么样？"

"跟多数大公司对待它们的员工一样。这就是为什么大公司的员工常常组建工会来保护工人的利益，免受老板和管理层的损害。许多银行员工没有加入工会，相反他们属于共同基金，名字不同，但理念是一样的。不管在哪种情况下，工人和管理人员之间、工资和福利之间总是存在斗争。事实上，公司的管理层总能得到薪水，但如果管理层把公司搞砸了的话，工人将得不到任何工资。"

这位工程师静静地站了一会儿，开始明白投资者要干什么了。"所以，我的工作是为我的钱找一份职业。这就是投资者要做的事。我需要为我的钱找到一个低风险、高回报、福利很多并不被滥用和避免营私舞弊的工作岗位。"

好的投资者要关心的事

我点点头笑了笑。"就像父母关心他们的孩子一样，投资者要关心他们的钱，关心他们的理财员工受到了什么样的待遇。大多数人盲目地将他们的钱交给了完全陌生的人，而这些陌生人为大公司工作，对于他们手下的员工受到什么待遇没有什么概念。他们把自己的钱就像泊车一样停在理财顾问那里了。这就是为什么很少有人会成为做得很好的投资者,他们常常让他们的钱被滥用、被虐待和被剥削。作为投资者,你的钱就是你的员工,你的任务就是为它们找到一份合适的工作。让自己接受财商教育,如此你就能够尊重你的员工、为它们找到极好的工作岗位、保护它们、确保它们薪水丰厚,而你的员工就会增加,并且为你拼命挣钱。"

为陌生人工作

我该走了,还有一个报告在等着我,而我面前的这个绅士似乎得到了他想要的答案。至少他好像更好地理解了投资是怎么一回事。他笑着伸出手,说道:"谢谢你。"我握着他的手说:"我的富爸爸说过'把你的钱交给陌生人,那你的钱在为你赚钱之前先要为陌生人效力'。所以,要聪明起来,为你的钱找到最合适的工作,那你的钱就能赡养你。这就是投资的全部意义所在。"

好的投资者所关心的事

请记住,投资者要做5件事:

1. 挣钱或者创造财富
2. 管理
3. 利用财务杠杆
4. 保护
5. 退出

职业投资者在规划投资时要分这 5 步走,乃是因为他们关心自己的钱,也就是说关心自己的员工。用职业投资者的术语来讲,这 5 个步骤类似于尽职调查的清单。

在接受飞行员训练时,老师告诉了我们核对清单的重要性。例如,在启动引擎前,我们会浏览一遍书面清单。在着陆之前,我们会再浏览一遍书面清单。

职业投资者也是一样。例如,在购买新的楼盘之前,我们总要浏览一下尽职调查的清单。浏览这一清单的过程为我们提供了很大的帮助,让我们多年以来赚了很多钱。

工作和 401(k) 计划有什么不对吗

在我以前的书中,我经常指出工作和 401(k) 计划的局限性。仅仅利用 5 点清单就很容易说明原因所在。

1. 挣钱或创造

利用个人的时间和劳动从工作中赚取收入是一种纳税最多的赚钱方式。正如很多人已经知道的那样,收入分 3 种——劳动收入、投资组合收入和被动收入。职业投资者一般会为投资组合收入和被动收入而投资,而被动收入在多数情况下是被创造出来的,而不是劳动换来的。

2. 管理

打工的身份让你很少有机会来管控税收。同样道理,那些 401(k) 计划投资于股票或共同基金的工人也无法控制这些公司的开支。因为税收和开支影响了投资者的回报,所以,职业投资者希望管理税收和开支。

3. 利用财务杠杆

投资401（k）计划所发挥的杠杆作用很小。雇员最多从雇主那获得比例为1∶1的对等供款。职业投资者希望利用别人的钱来投资，而不是用自己的钱。

4. 保护

401（k）计划对市值损失的保护作用不大。充其量你可以被允许在养老金计划内实现投资多样化。同样，大多数工人倾向于在自己的名下拥有一切，这让他们面临很多的个人诉讼。而职业投资者则以企业法人的形式持有他们的大量资产，而不是以他们个人的名义占有。他们以此尽可能地保护资产的安全。

5. 退出

当人们退休时，投资401（k）计划产生的收益要按照最高的税率征税，而原因可能是这种收入被划归到了劳动收入的范围。这意味着本该按15%税率征税的资本收益和分红将要按照劳动收入的最高税率征税，而根据现在的规定，这个税率最高为35%。

整个税率结构是基于当人们退休时他们处于一个较低的所得税率等级而制定的。就我而言，因为我培养和购买了许多资产为我赚钱，我期望我的收入会持续增加。职业投资者期待他们的收入不断增加，就算退休之后也是一样。

来自清单的警示

如果一项投资出现了什么失误，清单常常会向你发出警示。当人们告诉我他们喜欢自己稳定的工作和满是共同基金的401（k）

养老金计划时，我就知道他们没有浏览这张简单明了的5步清单。不仅他们会受到税制和他们所投资公司的严酷对待，他们的资金也发挥不了杠杆作用，且处于不安全状态。当他们退休时，如果他们在理财方面取得了成功，他们的退出会再次受到税制的严酷对待。

投资者做什么

不管我投资什么，是企业、房地产，还是纸资产或商品期货，在我投资之前，我要快速浏览这张5步清单。例如，在投资一块房地产时，我同样浏览这张清单：

1. 挣钱或创造

我不想要劳动收入。如果我要正确地选择一项财产的话，它应当产生被动收入，因为这是税率最低的收入之一。

2. 管理

我用心减少我的开支、增加我的收入、缴税时做好选择、并且减少我的应税收入。如果有亏损，我可以把我的亏损转化成某种税收优惠。

3. 利用财务杠杆

在所有的投资里面，房地产是最容易用作财务杠杆的。其杠杆比率高达80%～90%且屡见不鲜。税务部门通过税收激励提供了额外的财务杠杆，这种税收激励为数众多。

4. 保护

我用不同类型的方式保护我的财产。我常用不同的企业法人形式保护我的财产。如果我觉得需要格外小心的话，我还利用无追索权融资[①]。偿债基金[②]可以为紧急情况蓄积额外的现金，我通过这种偿付来自债券发行资金的方法来为我的资产加上另一层保护。

5. 退出

为了避免因卖掉资产而导致的纳税问题，我常常通过资产交换来合理避税。我还可以以资产租赁的方式来避税，并且把我免税收入投入到我想投资的东西上，比如购买一处投资性房地产或一条船。

过于简化

我意识到利用这个例子来说明如何使用5步清单有点过于简单化了。在真实的生活中，当我们浏览这张清单时，每一步都将涉及非常多的细节。不过在很多方面，这张5步清单可以用来为投资商业计划提供一个粗略的指导。从来没有什么事是按照计划进行的，然而，这张5步清单可以帮助你快速对投资的优缺点做出评估，这个投资可是你要把自己的钱（你的员工）投入进去赚钱的。

虽然它过于简单，此处概述的这张清单对一个拥有工作和401（k）计划的人比较有效，而对投资房地产的职业投资者不太奏效。结果却是，清单常被职业投资者所使用；遗憾的是，大多数业余投资者并不使用它们。

---

① 无追索权融资，是指贷款银行只有权收取有关贷款提供资金的项目的收入作为还款，对贷方的其他资产并无追索权。——编者注

② 偿债基金，是指发行人定期向一个信托人支付款项，然后信托人通过在公开市场买入债券而赎回部分债券。——编者注

致富的最佳方式

许多人似乎认为投资只不过就是把钱投入一些热门交易中,希望可以大发其财,或者只是把钱交给一个完全陌生的人,希望这个陌生人或那家投资公司在将来某一天能把钱还给他。很明显这不是投资,这是在赌钱。但比赌钱更糟的是,事实证明他们对大多数理财专家对他们用部分生命、心血汗水和时间所做的投资漠不关心。

大多数人并不喜欢为刻薄和贪图便宜的人或公司工作。然而,当涉及他们投资的钱时,许多人却将自己的钱交给似乎更关心经纪人利益而不是投资者利益的人和公司。

沃伦·巴菲特说过:"最好的致富方式就是不要赔钱。"而不要赔钱的最佳方式之一就是花一点时间确信你投资的钱(你的员工)正在一个具有高财商的、非常诚实的、管理良好的、财务健全的安全环境中工作。这是投资者要做的事情,这是像沃伦·巴菲特这样的投资者要做的事情。沃伦·巴菲特会用他个人高水平的财商、高度的诚实和尊重来对待金钱、他投资的企业、他的员工和他的投资者。这就是他的公司非常成功的原因。富爸爸说过:"不尊重金钱或滥用他们赚来的钱的人自身常常得不到应有的尊重,或者在理财上蒙羞。"

不管你投资企业、房地产、纸资产或商品期货,就像你希望尊重自己一样对待这些资产和你的钱。如果你这么做了,这些资产和你的钱将会增长,从而让你的生活更加滋润,更加丰富多彩。关心你的钱和资产,它们也会关心你。

第十五章

做赚钱的人，还是做赔钱的人

当富爸爸第一次向我展示《富爸爸现金流》游戏的 4 个象限时，我刚刚开始在第一象限（E 象限）做事，对这个现金流象限图并不是很在意。我才 25 岁，即便我不能确定自己百分百能赚到钱，但我满脑子里想的都是赚钱。

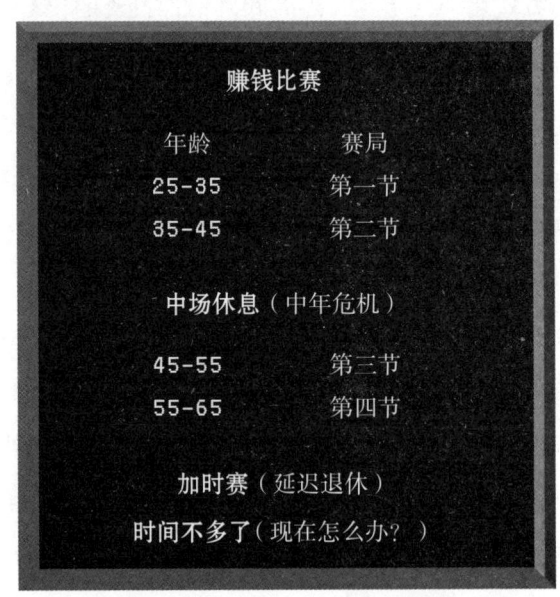

虽然从技术上讲,我在第二节结束时赢得了赚钱比赛的胜利,而金是在第一节结束时获胜,但我俩都知道整个比赛并没有结束。我们知道有些人在上半场赢得其中的一节比赛,但也会在紧张激动中输掉后面的比赛。

我在第一节时输掉了比赛,这算是我人生最大的一些"财富"。我公司生产的尼龙钱包和"维可牢"搭扣的"冲浪者"钱包在世界范围内取得的成功让我晕头转向,很快我就变得自大和傲慢。30岁时,我理财成功,但又失去了一切。在人生的早期成为一个理财的失败者让我懂得了:不要只是对金钱有着深深的敬意,还要对赚钱比赛怀着深深的敬意。

三节过后的得分

今天,我身处赚钱比赛的第四节。当我回顾前三节比赛时,发现我的得分如下所示:

  25岁~35岁 投资收入——每月收入为0(负债累累)
  35岁~45岁 投资收入——每月收入为1万美元
          中场休息(时间为2年)
  45岁~55岁 投资收入——10万美元+每月收入
  55岁~65岁 投资收入——?(有待确定)
          是否加时?(有待确定)

即使我今天在理财上取得了领先的地位,我仍然小心谨慎,原因就是我知道比赛的分数随时都有可能发生改变。这就是为什么我对在第一节败得那么惨还很高兴的原因。赔钱不仅教会了我如何赚钱,而且也教会我要对金钱和赚钱比赛同样怀有深深的敬意。

我的担心

今天有数百万人正在努力工作,却输掉了比赛,这是我个人比较担心的一个问题。他们输掉比赛的原因在于许多人极力地避免参与到比赛之中。如果他们利用养老金计划参与到了这场投资比赛中,许多人并没有获得很高的回报,因为他们只在同一类资产中搞多样化投资,而这类资产主要是纸资产,这就意味着他们缺乏不同资产之间的协同配合。除此之外,有太多的人将他们辛辛苦苦赚来的钱以税收的形式交给政府或者交给完全陌生的人,而这些陌生人首先给他们自己开工资。当这些辛苦工作的人需要他们的钱时,有可能会重新拿到,有可能再也得不到了。

我认为,到了我们的教育体系开始向人们传授基本的财商教育的时候了,这些知识包括资产和负债之间真正的区别是什么。学校也应当教授不同的投资策略、不同的资产分类以及为现金流投资和为资本收益投资的区别。最后但并非最不重要的一点,一个非常有效的财商教育应当让人们了解有关税收影响收入的基本知识。如果人们知道员工要缴纳多少税收及税法给了企业主多少税收优惠待遇,我们就会有更多的人在离开学校之后自己创业,而不是寻找一份高薪的工作。这些都是真正的财商教育。

今天,学校以及华尔街声称要教孩子们如何选择股票,以此传授他们理财常识。让华尔街教小孩子选择股票就像是赛马场主人教小孩子选择比赛用马一样。人们在第四节赚钱比赛时会期盼家庭或政府关照他们，我们要赶在年轻人结束第四节比赛之前教会他们真正的比赛技能，而不是教小孩子成为赌徒。

再次回顾下面这张图表，它把"让钱存而不动"的投资策略和"让你的钱加速周转"的投资策略进行了对比。控制你未来的理财，并且开始让你的钱加快"流动"而不是让它成为"一潭死水"——你准备好了吗？

强势投资方案

资产	加速器
B象限—I象限	
企业 ⬇$	别人的钱（OPM） 法人形式的选择 别人的时间（OPT） 税法 慈善
房地产 ⬇$	别人的钱—＄1:＄9 法人形式的选择 税法
纸资产	免税 对冲基金 期权 私募备忘录（PPMs） 首次公开募股（IPOs）

弱势投资方案

E象限—S象限	
工作	加速器
↓ $ 储蓄 不负债 个人住房 共同基金 股票 401（k）计划 个人退休金账户（IRAs） 简易式雇员养老金计划（SEPs）	无

比赛的最精彩之处

在本书结束之前，我想讲一点从比赛而不是从求稳当中获得的智慧。不管是赚还是赔，赚钱比赛的最精彩之处在于随着比赛的进行，我打得越来越好。正如你通过前三节的分数知道的那样，即使我在第一节结束时得分为0，但我的分数从那以后一直在增加。

很遗憾，仅仅因为太多的人把他们的一生都用在了避免赔钱上，最终输掉了整场赚钱比赛。太多的人不是在比赛中获胜，而是打了一场如何避免不赔钱的赚钱比赛。我再说一遍，这种情况部分是由教育体系造成的，因为它不教授在现实世界中生存所需的课程。

虽然我已经来到了赚钱比赛的第四节，但我不像许多身处第四节的人一样——担心赔钱，或害怕一无所有，或者期盼着政府会关照他们，我很自信。我不翘尾巴，也不激动万分，更不害怕比赛。我知道赚钱比赛是我在剩余的人生里要玩的一场游戏，得分多少已经无关紧要了。

这并不是说我在将来不会赔钱，因为我知道赚钱和赔钱都是比赛的一部分。不同之处在于我已经学会欣赏比赛了。因此，对于正考虑控制你的钱、自己投资而不是将它交给陌生人投资的人来说，这些都是关于赚钱比赛的学习重点。

请把以下几点牢记在心中：

- 赔钱是赚钱的组成部分。
- 你打的比赛越多，你就会打得越好。
- 你的表现越好，你的团队表现就会越好。
- 你的团队表现越好，你就会越欣赏这场比赛。
- 你越欣赏这场比赛，你多得分的机会就会越多。

正如富爸爸所说："赚钱比赛的重点其实不在金钱上，关键在于你如何把比赛打好。"

感谢你阅读本书。

罗伯特·清崎

迅速提高财商的三个方法

方法一：阅读"富爸爸"系列书籍

财富观念篇
《富爸爸穷爸爸》
《富爸爸财务自由之路》
《富爸爸提高你的财商》
《富爸爸女人一定要有钱》
《富爸爸杠杆致富》
《富爸爸我和埃米的富足之路》

财富实践篇
《富爸爸投资指南》
《富爸爸房地产投资指南》
《富爸爸点石成金》
《富爸爸致富需要做的6件事》
《富爸爸穷爸爸实践篇》
《富爸爸商学院》
《富爸爸销售狗》
《富爸爸成功创业的10堂必修课》
《富爸爸给你的钱找一份工作》
《富爸爸股票投资从入门到精通》
《富爸爸为什么A等生为C等生工作》

财富趋势篇
《富爸爸21世纪的生意》
《富爸爸财富大趋势》
《富爸爸富人的阴谋》
《富爸爸不公平的优势》

财富亲子篇
《富爸爸穷爸爸（少儿彩图版）》
《富爸爸发现你孩子的财富基因》
《富爸爸别让你的孩子长大为钱所困》
《富爸爸穷爸爸（漫画版）》

财富企业篇	《富爸爸如何创办自己的公司》
	《富爸爸如何经营自己的公司》
	《富爸爸胜利之师》
	《富爸爸社会企业家》

方法二：玩《富爸爸现金流》游戏

风靡全球的《富爸爸现金流》游戏浓缩了《富爸爸穷爸爸》一书的作者——罗伯特·清崎三十多年的商界经验，让我们在游戏中模仿和体验现实生活的同时，告诉游戏者应如何识别和把握投资理财机会；通过不断的游戏和训练及学习游戏中所蕴含的富人的投资思维，来提高游戏者的财务智商，最终实现财务自由。

方法三：关注读书人俱乐部微信

北京读书人俱乐部微信公众号由北京读书人文化艺术有限公司运营，为"富爸爸"读者提供符合富爸爸理念的各种理财资讯、产品和工具。读书人文化是一家专业图书策划与出品公司，一直致力于为读者提供幸福生活的知识。从2000年成立至今，读书人文化已在投资理财、文化生活和少儿教育三个领域确立了自己的文化理念和品牌，先后策划出品了"富爸爸穷爸爸"系列、《谁动了我的奶酪》《金字塔原理》《空谷幽兰》《中国的品格》《莲花次第开放》《一心一意来奉茶》《小狗钱钱》《儿童自我成长小百科》等优秀图书。同时，公司也以自身积累的图书和作者等优质文化资源为载体，不断拓展相关衍生产品与服务，如培训讲座、投资工具和影视作品等。读书人文化将秉承"读书人当为天下爱书人服务"的理念，用更多优秀图书和产品，助力读者的财务自由与心灵自由之路。

readers-club
扫码关注读书人俱乐部
获取更多相关资讯

读书人淘宝店
扫码关注读书人淘宝官方品牌店
获取更多优惠信息

《富爸爸穷爸爸》

作者:〔美〕罗伯特·清崎

ISBN:978-7-220-10291-2

定价:48.00元

  世界上绝大多数人奋斗终身却不能致富,因为他们在学校中从未真正学习关于金钱的知识,所以他们只知道为钱而拼命工作,却从不学习如何让钱为自己工作……

——罗伯特·清崎

  清崎有两个爸爸:"穷爸爸"是他的亲生父亲,一个高学历的教育官员;"富爸爸"是他好朋友的父亲,一个高中没毕业却善于投资理财的企业家。清崎遵从"穷爸爸"为他设计的人生道路:上大学,服兵役,参加越战,走过了平凡的人生初期。直到1977年,清崎亲眼目睹一生辛劳的"穷爸爸"失了业,"富爸爸"则成了夏威夷的有钱人。清崎毅然追寻"富爸爸"的脚步,踏入商界,从此登上了致富快车。

  清崎以亲身经历的财富故事展示了"穷爸爸"和"富爸爸"截然不同的金钱观和财富观:穷人为钱工作,富人让钱为自己工作!

《富爸爸穷爸爸实践篇》

作者：〔美〕罗伯特·清崎 〔美〕莎伦·莱希特

ISBN：978-7-220-10300-1

定价：48.00元

  如果你的投资已经没有任何价值，如果你已经厌倦了那些陈词滥调的财务建议，如果你担心自己要无休止地工作下去，永远无法退休，或者，如果你只是想多花一些时间来陪陪家人，那么你可以从本书中找到答案。

——莎伦·莱希特

  1999年4月，《富爸爸穷爸爸》在美国出版，仅仅半年时间就创下100万册的销量。2000年3月，韩语版面市；2000年6月，登陆澳大利亚；2000年9月，简体中文版面市，连续两年半名列畅销书排行榜前10名……一时间，全世界范围内掀起了一股"富爸爸"热潮，无数的读者因为实践"富爸爸"的建议，获得了经济上的成功！

  本书是《富爸爸穷爸爸》的实践篇，书中选取了22个具有代表性的成功案例，既有初次创业者，也有失业者、退休者，甚至是事业的失败者和破产者。他们现身说法，讲述自己的创富故事，为你展示如何一步一步地走上财务自由之路！

《富爸爸财务自由之路》

作者：〔美〕罗伯特·清崎 〔美〕莎伦·莱希特

ISBN：978-7-220-10295-0

定价：45.00元

为什么有的人可以用较少的劳动获得较多的收入？为什么有的人可以享受比别人更多的财务自由？也许是因为他们明白何时从何种象限开始工作……本书旨在帮你选择一个新项目、新目标及新的财务前景。

——罗伯特·清崎

清崎上完大学，有了一份稳定的工作，这是"穷爸爸"一直以来对他的期望；但他牢记"富爸爸"的话，"只有实现了财务自由，才能拥有真正的自由"。于是他毅然辞去工作，走上了投资和创业之路，在47岁时实现了财务自由。从此，他再也不必朝九晚五地被动工作，再也不必量入为出，他可以自由地做自己爱做的事，因为投资会为他带来源源不断的现金流。

书中归纳出了4个现金流象限：雇员、自由职业者、企业主和投资人，只有具备投资人和企业主的技能，才更容易致富；详细介绍了这些观念和技巧，把投资人细分为7个等级，帮你看清自己的财务状况；更列出了7个完整的步骤，指引你走上财务自由之路。

《富爸爸财富大趋势》

作者：〔美〕罗伯特·清崎　〔美〕莎伦·莱希特

ISBN：978-7-220-10296-7

定价：46.00元

只有那些在财务上适应能力较强、财商较高的人才能生存下来。只有那些对这一切有所准备的人才能获得成功。

如果没有接受过财商教育，可能就需要更多的资金才能致富，也可能需要更多的资金才能保持富有。财商越高，致富需要的资金就越少；财商越低，致富需要的资金就越多。

——罗伯特·清崎

在富爸爸看来，人们应对不可知的未来主要有3种方式：穷人指望子女或者政府帮助自己度过余生；中产阶级把钱存入银行、购房保值、投资退休金计划等，甚至把未来的财务保障押在变幻莫测的股市上；富人则购买能带来现金流的资产，让钱为自己工作，持续创造财富以应对未来的变化。

本书中，清崎讲述了富爸爸对他的财商教育，向你传授掌控风险的8种理财智慧，提高你的财商；教你准确把握经济发展形势，明辨优劣资产，巧妙防范金融风险，从容应对市场变化；升级你的理财技巧，让钱为你工作，获得财务上的真正自由。不管你是想改变入不敷出的财务状况，还是想保护自己的财产，甚至是提高投资层次，都能在本书中找到发人深省的启示和高效实用的建议，一跃成为掌控未来的财务高手！

图书在版编目（CIP）数据

富爸爸给你的钱找一份工作 /（美）罗伯特·清崎著；黄延峰译 . — 成都：四川人民出版社，2017.10
ISBN 978-7-220-10364-3

Ⅰ . ①富… Ⅱ . ①罗… ②黄… Ⅲ . ①私人投资–通俗读物 Ⅳ . ① F830.59–49

中国版本图书馆 CIP 数据核字（2017）第 227511 号

Who Took My Money?
Copyright © 2011 by CASHFLOW Technologies, Inc.
This edition published by arrangement with Rich Dad Operating Company, LLC.
版权合同登记号：图进 21-2017-509

FUBABA GEINIDEQIANZHAOYIFENGONGZUO
富爸爸给你的钱找一份工作
〔美〕罗伯特·清崎　著　黄延峰　译

责任编辑	王其进
特约编辑	张　芹
封面设计	朱　红
版式设计	乐阅文化
责任印制	聂　敏
出版发行	四川人民出版社　（成都市槐树街2号）
网　　址	http://www.scpph.com
E-mail	scrmcbs@sina.com
新浪微博	@四川人民出版社
微信公众号	四川人民出版社
发行部业务电话	（028）86259624　86259453
防盗版举报电话	（028）86259624
照　　排	北京乐阅文化有限责任公司
印　　刷	三河市中晟雅豪印务有限公司
成品尺寸	152mm×215mm　1/32
印　　张	9.5
字　　数	205 千
版　　次	2017 年 10 月第 1 版
印　　次	2017 年 10 月第 1 次印刷
书　　号	ISBN 978-7-220-10364-3
定　　价	39.80 元

■版权所有·侵权必究

本书若出现印装质量问题，请与我社发行部联系调换
电话：（028）86259453